CLIMBING, PENDULOUS and CREEPING PLANTS

仕立てて楽しむ
つる植物

つるバラ・クレマチス・アサガオから珍しい植物まで

土橋　豊
河合伸志
椎野昌宏

誠文堂新光社

仕立てて楽しむつる植物
つるバラ・クレマチス・アサガオから珍しい植物まで

はじめに ………………………………………………………………… 4
  土橋　豊

第1章　総論

つる植物の世界 ………………………………………………………… 8
  つる植物とは
  つる植物の分類

  土橋　豊

つる植物の園芸文化史──フジとアサガオ ………………………… 12
  フジについて
  アサガオについて

  椎野昌宏

つる植物の楽しみ方 …………………………………………………… 16
  楽しむ上でのつる植物の優れた点
  ● 巻きつき植物、よじ登り植物の楽しみ方
  ● 下垂茎および匍匐茎タイプの楽しみ方

  土橋　豊

目次

第2章　各論

つるバラ ……………………………………………………………… 22
　　河合伸志
クレマチス …………………………………………………………… 38
　　河合伸志
アサガオ ……………………………………………………………… 48
　　椎野昌宏
世界のつる植物 ……………………………………………………… 54
　　土橋　豊

学名索引 ……………………………………………………………… 152
和名索引 ……………………………………………………………… 156
執筆者紹介・参考文献 ……………………………………………… 158

(表紙の写真)
左から
Clematis 'Omoshiro'
Passiflora 'Lady Margaret'
Ipomoea purpurea
Hedera algeriensis 'Variegata'
Rosa 'ZENshumaho' Mahoroba

(裏表紙の写真)
Rosa 'ZENshugra' Gracia

(p2〜3の写真)
左上から
Clematis 'Pink Fantasy'
Rosa 'CHEwalibaba' Sunset Glow
Aneilema zebrinum

(p6口絵の写真)
左上から
Rosa 'Ballerina'
Impatiens repens
Clematis 'Marie Boisselot'
Clematis 'Jackmanii'
Rosa 'CHEwalibaba' Sunset Glow
Passiflora 'Incense'
Blakea gracilis
Antigonon leptopus
Persicaria capitata
Ipomoea nil 'Asagiri'

(p20口絵の写真)
左上から
Rosa 'Madame Grégoire Staechelin' Spanish Beauty
Tradescantia zebrina var. *zebrina*
Solanum seaforthianum
Wisteria sinensis
Ceropegia albisepta var. *robynsiana*
Rosa 'ZENtuchamini' Chocolatier
Nepenthes alata
Hoya carnosa 'Compacta'
Campsis grandiflora
Cissus javana

はじめに

　本書はガーデニングやランドスケープの場面において、建物の外壁面を修景したり、パーゴラやアーチに絡ませて庭の演出をしたりと、ますますその用途が広がるつる植物を体系的にまとめたガイドブックとして企画されたものである。

　つる植物というと、一般には茎自体が、または巻きひげや付着根などで他物を支えに、上に伸びあがる植物（climbing plants）を指すことが多い。この意味における「つる植物」に対して学問的に興味を持ち、体系的にまとめた人は進化論で有名なチャールズ・ダーウィン（Charles Darwin, 1809-1882）であろう。彼の著である『よじ登り植物－その運動と習性－（On the Movement and Habits of Climbing Plants）』（Darwin,1865）では、「茎で巻きつく植物」「葉でよじ登る植物」「曲がった先端でよじ登る植物および根でよじ登る植物」の3タイプに分類して解説されている。

　しかしながら、日本における「つる植物」はさらに多様な植物群といえる。例えば、ツルニチニチソウ（Vinca major）やヒメツルソバ（Persicaria capitata）も「ツル」と表現されるが、これらの植物は「茎自体が、または巻きひげや付着根などで他物を支えに、上に伸びあがる植物」には当てはまらない。本書では、「つる植物」を「茎が細長くて自ら直立することができないが、樹木など他物を支柱として上に伸びあがる植物（climbing plants）、垂れ下がる植物（pendulous plants）、地面を這う植物（creeping plants）」と規定した。今後の用途の広がりを期待して、世界の多様なつる植物を、野生種や、それらから作出された園芸品種、さらにはそれらを交雑親とした交雑種を、総論では35枚、各論では506枚、計541枚の写真を使用して解説した。多様なつる植物を専門的に解説するために、日本ベゴニア協会、横浜朝顔会などの理事を歴任され、園芸文化史に造詣の深い椎野昌宏氏、バラとクレマチスに造詣の深い河合伸志氏に、ご専門の分野を執筆していただき、他は土橋が取りまとめた。

　本書は誠文堂新光社のガーデンライフシリーズの1冊であり、このシリーズの1冊として著者らが先に著した『カラーリーフプランツ－葉の美しい熱帯・亜熱帯の観葉植物547品目の特徴と栽培法』においても、つる植物を多数解説している。併せてご利用いただけると幸いである。本書により園芸愛好家の皆さんが、つる植物を使った多様な用途をますます発展していただければ、望外の喜びである。

　最後となりましたが、出版の機会を与えていただいた誠文堂新光社、ならびに同社の黒田麻紀氏に感謝申し上げます。

執筆者を代表して
土橋　豊

クレマチス モンタナ（*Clematis montana*）自生地の中国・雲南省の標高 2300m 付近にて

第1章

この本はつる植物の概要を示した第1章【総論】と、カラー写真と解説文で、個々のつる植物の種類についてその特徴や栽培のポイントを記述した第2章【各論】から構成されています。

第1章では、この本で扱うつる植物をよりよく理解できるように、本の中でのつる植物の範囲と分類（土橋豊）、日本におけるつる植物の中でも最も重要なフジとアサガオの園芸文化史（椎名昌宏）、つる植物の特徴に基づく楽しみ方（土橋豊）について解説しました。

CHAPTER 1

つる植物の世界
World of clmbing,pendulous and creeping plants

土橋　豊

つる植物とは

　一般に、「つる植物」とは、茎が細長く、茎だけでは地上に立つことができない植物と定義されている。植物の生活の営みの根源は光合成にあることから、植物は光を求めて競争して生きている。つる植物は、この光を求めるという競争に対応する戦略として、丈夫で自立できる茎をつくる物質を、細くて自立はできないが短期間に長く伸びる茎をつくる目的に使用することで、光を求めていち早く上方の空間に到達し、葉を展開する生き方を選択した植物群といえる。従って、植物学的には、つる植物は光を求めて細長い茎が上方に伸びる茎を持つ植物群といえる（図1）。

　江戸時代の俳人、加賀千代女の有名な俳句、「朝顔に　つるべ取られて　もらい水」は、アサガオの茎が井戸の水をくみ上げるために毎日使用する釣瓶に巻きついて、使用できなくなった様子を詠んでおり、アサガオの上方に伸びる成長の早さを物語っている。

　一方、園芸上でいう「つる植物」は、茎が細長いことは共通しているが、地表を這うものや、垂れ下がるものも含まれる。本書で扱う「つる植物」とは、茎が細長く、茎だけでは地上に立つことができず、茎が上方に伸びるもの、地表を這うもの、垂れ下がるものの3タイプを含めている。園芸においては、これらの植物群は、植え付ける場所が狭くても、茎が長く伸びることから、植物により装飾する空間が大きくなるというの特徴があり、魅力的な植物群といえる。なお、茎が上方に伸びることと、地表を這うことは連続していることがある。例えばテイカカズラ（*Trachelospermum asiaticum*）などの場合、生育当初は日陰に適応した葉をもつ茎が地表を這い、養分を蓄積してから光を求めて上方に向うことが知られている。

　つる植物は茎が細長いのが特徴のひとつであるが、例えばフジ（*Wisteria floribunda*、図4）の場合、樹齢が長い個体では太く肥大した茎が見られる（図2）。これは、形成層が1層ではなく何層もでき、それぞれが活動して年輪をつくることによるもので、異常肥大成長と呼ばれる（鈴木，1994）。

図1.　光を求めて上方に伸びるクレマチス・モンタナ

図2.　茎が異常肥大成長するフジ

図3. クレマチス・ビティセラ　第565図（1803年）　　図4. フジ　第2083図（1819年）　　図5. スイートピー　第60図（1788年）

図6. トケイソウ　第25図（1787年）　　図7. コベア　第851図（1805年）　　図8. ツリガネカズラ　第864図（1805年）

『カーチス・ボタニカル・マガジン』に描かれたつる植物　出典：The Biodiversity Heritage Library　http://www.biodiversitylibrary.org/

　つる植物の栽培のポイントとしては、茎が上方に伸びるタイプの植物は、光を好むことから、棚やアーチに茎を誘引し、光が十分に当たるようにしないと、開花や結実が望めなくなることがあげられる。一方、茎が匍匐するタイプの植物は、本来、他の植物の下に生育することから、日陰に耐えるものが多い。

つる植物の分類

　本書で扱う自立できる茎をつくらない「つる植物」は、以下のように分類することができる（11頁 表1）。
　茎が上方に伸びるタイプは、茎自体が他物に巻きついて登っていく茎（巻きつき茎）をもつ植物と、茎自体は巻きつかない茎（よじ登り茎）をもつ植物に大別することができる。前者の茎を巻きつき植物、後者をよじのぼり植物と呼ぶ。
①巻きつき茎（図10）：上方に伸びた茎の先端が回旋運動をすることで巻きつく物を探し、巻きつく物に触れる刺激によって茎の接触側と反対側の成長速度の違いが生じることで巻きついていく。茎が他物に巻きつく方向は植物の種類に決まっていることが多

図9. 巻きつき茎の巻き方　　図10. ジェイドバイン　巻きつき茎（右巻き）　　図11. スイートピー　巻きひげ

図12. ビグノニア・マグニフィカ　巻きひげ　　図13. クレマチス　巻きひげ　　図14. トケイソウ　巻きひげ

図15. フウセンカズラ　巻きひげ　　図16. ゴーヤ　スプリング状になった巻きひげ

図17. ツタ　吸盤　　図18. ヘデラ　付着根　　図19. つるバラ　刺

10　CHAPTER 1

く、「右巻き」「左巻き」と表現されるが、困ったことにこの巻き方の呼称は文献により異なっている。本書では観察者が上方に伸びる茎を見て、つるが右上がりに巻いていれば「右巻き」、左上がりであれば「左巻き」とする（図9）。この呼称によると、フジ（*Wisteria floribunda*）は「左巻き」、ヤマフジ（*Wisteria brachybotrys*）は「右巻き」となる。

よじ登り植物は、その方法により以下のタイプに大別できる。

②巻きひげ：他物に巻きつくための器官のうち、葉や茎の一部などが変形して、細長いつる状になった器官を巻きひげと呼ぶ。葉の一部の葉身、羽状複葉の小葉、葉柄などが変形したものは、葉巻きひげと呼ぶ。スイートピー（*Lathyrus odoratus*）は羽状複葉の先端の葉軸が巻きひげとなっている（図5、図11）。ビグノニア・マグニフィカ（*Bignonia magnifica*、図12）、コベア（*Cobaea scandens*、図7）では、3出複葉の頂小葉が巻きひげとなり、ツリガネカズラでは分岐している。クレマチス属（*Clematis*）では、複葉の小葉柄が巻きひげとなっている（図3、図13）。一方、茎が変形したものは、茎巻きひげと呼び、トケイソウ（*Passiflora caerulea*）などで見られる（図6、図14）。フウセンカズラ（*Cardiospermum halicacabum*）では、花序の下方に巻きひげがある（図15）。巻きひげは、螺旋状にねじれて他物に絡みつき、その後、中間付近を起点に互いに逆方向に巻いてスプリング状になることがある（図16）。

③吸盤：ノウゼンカズラ科のツリガネカズラ（*Bignonia capreolata*、図8）や、ツタ（*Parthenocissus tricuspidata*）などに見られ（図17）、茎巻きひげの先が吸盤となって他物に付着する。

④付着根：他物に付着するために茎から生じた気根の1種で、セイヨウキヅタ（*Hedera helix*）などで見られる（図18）。

⑤引っかかり：刺や鉤、毛などが他物の引っかかってよじ登るタイプで、つるバラ（*Rosa* cvs.）では茎の表面の突起物が刺となっている（図19）。

⑥寄りかかり：茎がよじ登るための特別な器官がなく、茎が他の植物の茎などの間隙をぬって、寄りかかりながらよじ登っていくタイプで、ルリマツリ（*Plumbago auriculata*）などで見られる（79頁）。

茎が上方に伸びないタイプは、以下のように大別される。

⑦下垂茎：水平より下方に向って伸びる茎のことで、コルムネア属（*Columnea*）などで見られる（115頁）。

⑧匍匐茎：地表を水平に這って伸びる茎のことで、ツルニチニチソウ（*Vinca major*）などで見られる（101頁）。

表1. つる植物の分類

分類		内容	主な植物（掲載頁）	アイコン*
つる植物	巻きつき植物：巻きつき茎	茎自体が他物に巻きついて登っていく	アケビ属（149）、アサガオの仲間（48、103）、アリストロキア属（54）、イエライシャン（99）、カロライナジャスミン（86）、ゲンペイカズラの仲間（119）、サクラランの仲間（93）、サネカズラ（149）、ジャスミナム属（110）、チョウマメ（63）、スイカズラ属（127）、ラパジュリア（59）、ツンベルギア属（120）、テコマンテ（125）、ハートカズラの仲間（90）、ハーデンベルギア属（124）、ヒスイカズラ（67）、フジ属（68）、ベニバナインゲン（64）、ボーモンティア属（89）、マネッティア（86）、マダガスカル・ジャスミン（92）、マンデビラ属（96）、ムクナ属（65）、ムベ（150）、ヤマノイモ属（134）	1
	よじ登り植物：巻きひげ	葉や茎の一部などが変形して、細長いつる状になった器官	アサヒカズラ（80）、アサリナ（118）、オキナワスズメウリ（151）、カエンカズラ（125）、カニクサ（129）、クレマチス属（38、60）、グロリオサ（58）、コベア（84）、スイートピーの仲間（65）、セイシカズラ（138）、ツリガネカズラ属（122）、トケイソウの仲間（70）、ネコツメ（123）、ネペンテス属（144）、ニンニクカズラ（124）、ヒョウタン（151）、フウセンカズラ（151）、ロドキトン（118）	2
	吸盤	茎巻きひげの先が吸盤となる	ツタ属（137）、ツリガネカズラ（122）	3
	付着根	他物に付着するために茎から生じた気根の1種	サクラランの仲間（93）、シンゴニウム（133）、テイカカズラ（101）、ディスキディア属（145）、ノウゼンカズラ属（123）、ノランテア・ギアオネンシス（83）、バニラ（134）、ハブカズラ属（130）、フィクス属（140）、フィロデンドロン属（132）、ベゴニア属（55）、ヘデラ（146）、ミニモンステラ（133）、モンステラ属（131）	4
	引っかかり	刺や鉤、毛などが他物に引っかかってよじ登る	キバナヨウラク（118）、シクシの仲間（77）、つるバラ（22）、ブーゲンビレア属（81）	5
	寄りかかり	茎が他の植物の茎などの間隙をぬって、寄りかかりながらよじ登っていく	アラマンダ属（87）、ウキツリボク（78）、カナリナ（126）、ジャスミナム属（110）、ストロファンツス属（100）、バニラ（134）、ヒメノウゼンカズラ（126）、ピンクノウゼンカズラ（124）、マーマレードノキ（106）、ヤコウボクの仲間（106）、ラッパバナの仲間（107）、ルリマツリ（79）	6
	下垂茎	水平より下方に向って伸びる茎	アガペテス属（85）、エスキナンサス属（112）、カンツア（84）、コドナンテ属（114）、コルムネア属（115）、サクラランの仲間（93）、ジャスミナム属（110）、ブラケア・グラキリス（78）、ブルースター（99）、ベゴニア属（55）	7
	匍匐茎	地表を水平に這って伸びる茎	アメリカハマグルマ（127）、インパチェンス・レペンス（83）、セイヨウヒルガオ属（102）、ゼブリナ（136）、ツルニチニチソウ（101）、ハートカズラの仲間（90）、ヒメツルソバ（80）、ブライダルベール（136）、ヘテロケントロン（78）	8

＊各論部において、つる植物の分類を示す

つる植物の園芸文化史—フジとアサガオ
Horticaltural History-*Wisteria* and *Ipomoea nil*

椎野昌宏

　18世紀から19世紀にかけて、園芸文化史上燦然と輝くのは、東洋では日本、西洋では英国であるといわれる。日本は江戸時代で、英国はヴィクトリア王朝時代を中心とした時代である。その発展過程を辿ってみると、拠ってたった土壌が基本的に異なっていたことが挙げられる。日本は位置的関係から、照葉樹林の恵みをふんだんに受け、自生の固有植物が豊富だった。一方、英国を中心として発達した西洋園芸は自地域の固有植物が少なく、そのため他地域から多くの外来植物を導入し、順化させた。日本では自生のサクラ、ツバキ、ツツジ、カエデ、フジなどの樹木やノハナショウブ、サクラソウなどの草本を徹底的に追求して、その実生を繰り返し、差異を調べて、新品種を作った。また、ずっと古い時代に中国から渡来したといわれるボタン、シャクヤク、キク、アサガオなども種内の実生を繰り返し行い、その結果生まれた変異を徹底的に調べ上げて選択し、新品種をふくむ園芸グループを発展させた。育種の科学的技法もなく、種間交雑も行われなかったので、異態な品種は生まれなかったが、個々の植物の形態や花容について細かい変化を観賞したり、斑入りの葉芸を楽しんだりする日本的園芸文化が盛んになった。本稿ではつる植物のテーマに基づき、木本からはフジを、草本からはアサガオをとりあげて園芸史を記述する。

フジについて

【栽培の歴史】　万葉集の時代より盛んに観賞されていた日本自生のフジにはフジ（ノダフジ、*Wisteria floribunda*）とヤマフジ(ノフジ、*Wisteria brachybotrys*)の2種がある。いずれもマメ科フジ属（*Wisteria*）の

現代のフジの名所のひとつ、横浜にある三渓園のフジ（ノダフジ）棚。樹齢40年で4月下旬～5月上旬にかけ見事な花を咲かせる。

つる性落葉木。フジは本州、四国、九州全般に分布し、ヤマフジはやや暖地性で本州の近畿以西、四国、九州に分布している。両者は特に区別されなかったようだが、違いはつるの巻き方にある。フジは下から見ると左巻きで、ヤマフジは右巻きとなる。いずれもつるが木に巻きついて登り、大きく成長する。陽の当たる場所を好み、花序はしだれて20〜80cmも伸びる。ヤマフジの花序はやや短い。花は淡紫色で、フジという植物名の由来となった。夜間は葉をすぼめる習性がある。

万葉集にはフジを詠んだ歌が28首もあり、いかに古代からフジが身近にあり人々に親しまれていたかがわかる。そのうちの1首、山部赤人の句を紹介する。「恋しけば形見にせむと我がやどに植ゑし藤波今咲きにけり」。フジのことを「藤」とするよりも「藤波」と表現する歌が多く、これは風に揺れる姿をゆらゆらと流れる波になぞらえたものだ。

その後江戸時代にかけてフジは庭園などに植えられ、庶民の観賞と憩いの場所となったが、特にフジの名所として亀戸天神と向島百花園があげられる。亀戸天神は江戸中期の寛永時代1662年に造営された菅原道真を祀る学問のやしろで、向島百花園は江戸後期の享保時代1805年開園の植物公園である。それぞれ4月から5月にかけてフジの花がいっせいに咲き、たくさんの江戸人士を集めた。また西の大阪には野田村の「藤之宮」といわれた春日社周辺がフジの名所で、江戸時代には「吉野の桜」「野田の藤」「高雄の紅葉」として三大名花と呼ばれた。フジのノダフジという別名はこの地に由来すると思われる。いずれも開花後、豊かな長い花房を垂れる姿から稲穂もそのようになるようにと連想し、豊作を予兆する木として尊重された。また利根川の旧流路に面した埼玉県春日部市には樹齢1,000年とも1,200年ともいわれるフジの巨木「牛島のフジ」があり、天然記念物に指定されている。明治から現代にかけて、4月下旬から5月上旬に日本各地でフジ祭りが開催され、フジはウメ、サクラ、モミジなどとともに日本の木として親しまれてきた。

アサガオについて

【渡来】　アサガオはどこから来たかという問題については、かつて論争があったようだが、いまは中国からというのが定説となっている。奈良時代の(710-794)の末期に遣唐使によって中国から渡来したといわれる。朝廷は薬用として畝傍地方（奈良県）の薬草地に植え、地面に這わせて育て、採れた種子を下痢や利尿剤として使用したといわれている。その頃のアサガオは青い丸咲きで三つの翼片をもった葉であったと思われる。

万葉集（739）には「朝貌（朝が穂）」の歌が何種かあり、朝開いて夕方閉じる花を「あさがほ」の名で呼んでいた。万葉集の「あさがほ」はもっと早くから同じ中国より渡来していたキキョウをさしてい

左頁と同じく、三渓園のフジ棚。

たようで、あとからやってきたアサガオのほうが日本の暑い夏の気候にあってよく育つことからキキョウにかわって「あさがほ」→「あさがお」の和名が確立したといわれている。

アサガオ原種（*Ipomea nil*）は世界の熱帯から亜熱帯地域にかけて、中国、ネパール、フィリピン、イラン、アフリカ、ブラジル、コロンビア、メキシコ、オーストラリアなどに広く分布している。それら原種は濃淡はあるがすべて青色である。そして近年のDNA分析によって木原均が1938（昭和13）年に中国の北京郊外の天壇公園で採取したものが、現在日本で作られているアサガオに最も近い種であることがわかり、中国から来たという歴史の記録は正しかったことが証明された。

縮緬立田抱葉車咲牡丹（ちりめんたつたかかえはくるまざきぼたん）
茶色（左）、黒唐桑（くろからぐわ）色（右）と呼ばれる、アサガオ独特の灰色がかった花色。

【変化アサガオ（変化朝顔）の流行】 日本のアサガオは江戸時代以前に登場したものはいずれも原種と同じ三つの尖った葉をもち、淡青色の花を咲かせていたが、江戸時代の初めに白花が現れて園芸植物へと移行していった。京都の妙心寺天球院の襖絵には青と白のアサガオの花が描かれている。そして江戸園芸を発展させる重要な担い手となったのは「連」の存在であった。江戸中期以降盛んになったキク、アサガオ、ハナショウブ、サクラソウなどには、それぞれ20〜30人で構成される連が各地に生まれたが、そのうちでアサガオ連はとくに活発に活動した。ある連について記述した古い記録によると「花合わせの最初から現在にいたるまで、さぼることなく毎年珍しい花を丹精込めてつくりあげた人々を選び集めて花○連（ハナマルの連）と定めた。連は身分に隔てなく、苗・種を交換して活動した」とある。また当時流行した歌合せの形式、つまり作者を左右に分けて、その優劣をきめるという品評会がアサガオの花合わせでも採用され、七つの段階を設けて採点した。アサガオの場合、連の活動が組織的に行われたため、立派な図譜もつくられ、今日に貴重な記録として残っている。文化文政期（1804-1830）には変異体の数が飛躍的に増加し、「朝顔水鏡」（秋水痩菊1818）にはアサガオの花の形47種、葉の形46種に分けて図示され、栽培法も記されている。葉形については、常葉、葵葉、芙蓉葉、丸葉、孔雀葉、獅子葉、眉間尺葉、渦川、もみじ葉、竜田葉、銀龍葉、八手葉、千鳥、楓葉、豆葉、柳葉、糸柳、薊葉（あざみば）、芭蕉葉、昼顔葉、蓑葉、多福葉、蓬葉（よもぎば）、角葉、鼠葉、笹葉、鳥の足、縮緬葉、南天葉などと細かく列記されている。なお、現在は基本となる葉形として鍬形葉、蜻蛉葉、芋葉、林風葉、肌脱ぎ葉、丸葉、打ち込み葉に仕分けしている。

続く嘉永安政期（1848-1860)になるとそれまでに蓄積された多数の変異体に加え、特に牡丹咲という八重の変異が獅子咲、台咲、采咲と組み合わされて、変化アサガオは一層複雑多岐な姿となった。連の成果が醜花園、萬花園、松渓堂など連の提供絵図である

 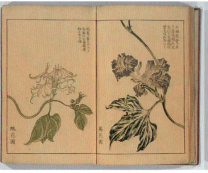 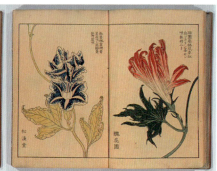

図1.「朝顔三十六花撰」（1854年）　図2.「朝顔三十六花撰」より醜花園と萬花園の絵図　　図3.「朝顔三十六花撰」より松渓堂と醜花園の絵図

出展：国立国会図書館デジタルコレクション

握爪龍葉管弁獅子咲牡丹（にぎりつめりょうはくだべんししざきぼたん）
獅子咲とよばれるグループで、最も変化が進んだもの。花弁が細い管状に変化して、弁先が折れ返る。

抱葉乱獅子咲牡丹（かかえはらんししざきぼたん）
大輪アサガオと変化アサガオの交配から出た、花弁が不規則に切れた牡丹咲。

「朝顔三十六花撰」（1854）（杏葉館、萬花園）という貴重な図譜となって残っているが（図1〜3）、花や葉の形が怪奇で、原種系からは想像できないほどに変異しており、珍奇さの中に美を求めた時代を反映したものであろう。花色については青色系、紫色系、紫紅色系、紅色系、黄色系、白色系、灰色系、鼠色系、葡萄鼠色系、桑茶色系または柿茶色系にわけ、それぞれの色系統につき古来独特な優雅な和名が使用された。たとえば紫色系については濃色が深紫、濃紫、中間色が瑠璃紫、今紫、本紫、淡色が藤紫、藤などが使用された。また花模様についても覆輪、花笠、吹雪、縞、立て縞、吹っ掛け絞り、時雨絞り、砂子、雪輪、刷毛目絞り、車絞り、梅形抜けなどに分けられた。

当時の人々が斑入り植物、矮性植物、変化咲植物に傾倒した時代的背景があり、他とは異なった形態や態様をもつ、いわゆる稀品種の作出と栽培に優越感をもつ江戸人士の心理が変化アサガオのブームを招いたのである。

一方、同時期に来日した外国人プラントハンターのアサガオに関する記録は、シーボルトが二度目の来訪の際、1861年夏江戸に滞在中、愛宕神社でアサガオ市を見たという記録以外見当たらない。彼らの記録には江戸の団子坂の菊花展や菊人形、染井の植木村の樹木や盆栽のことがしばしば現れる。一方江戸園芸の名人的な分野であり葉芸を楽しむサイシン、イワヒバ、フウキラン、チョウセイラン、マツバランなどは欧米人の関心をあまり呼ばず、花芸を楽しむ変化アサガオも同様な扱いとなったようだ。

明治になって州浜といわれる花片数（花曜数）が6枚以上に増える遺伝子を持つ変異が現れ、大輪化していった。そしてアサガオの持ち味であるつるを100％活用して、行灯仕立てやらせん仕立て、壁面への緑のカーテン作りなどが登場し、見せ場を提供している。詳しくは別項の大輪アサガオを中心にした解説・栽培編（48頁）を参照されたい。

いずれにせよ外来植物であるアサガオをあたかも自国の植物のように完成度を高めた日本人の園芸活動と能力は誇りとしてよいと思う。

横浜の三渓園で開催されたアサガオ展示会の様子。左は大輪アサガオの行灯仕立て、右は大輪アサガオの切込み仕立て。

つる植物の楽しみ方
How to enjoy climing, pendulous and creeping plants

土橋　豊

図1．フジの巨大な立体演出

楽しむ上でのつる植物の優れた点

　本書では「つる植物」は、茎が細長くて自ら直立することができないが、樹木など他物を支柱として上に伸びあがる植物（climbing plants）、垂れ下がる植物（pendulous plants）、地面を這う植物（creeping plants）としている。これらのつる植物は、丈夫な茎や幹を持つ植物に比べて、むしろ自由に伸び広がることができるため、栽培する上ではさまざまな形に仕立てて楽しむことが可能である。

　多くのつる植物は、植える面積が少なくても、垂直方向、水平方向に伸び広がることで広い面積を緑化することができる。建物の外壁面や道路のり面などでも、わずかな植栽面積で広大な面積を緑化することが可能である。また、茎を誘引したりすることで、さまざまな形に仕立てて楽しめる。本書で紹介したように、花や果実、葉が美しい植物が多数あり、季節を演出することができる。このように、つる植物を利用することで、庭の演出に変化をつけることができるので、ぜひ、ガーデンライフに取り入れてほしい。

　以下に、つる植物を2タイプに分けて楽しみ方を紹介する。

図2. 建物の外壁面を彩る紅葉したツタ

図3. 門の外壁面を装飾するセイヨウキヅタ

図4. パーゴラ脚部に仕立てたバラ

図6. アーチに仕立てたつるバラ

図5. パーゴラに仕立てたノウゼンカズラ

図8. トンネル状に仕立てたつるバラ

図7. トレリスに仕立てたクレマチス

CHAPTER 1 17

図9. フレームを利用したポール仕立てのつるバラ

図10. フレームを利用したカナリーキヅタ

図11. ヘゴ材に着生させたセイヨウキヅタ

図12. 樹木に絡ませたテイカカズラ'ハツユキカズラ'

1. 巻きつき植物、よじ登り植物の楽しみ方

　茎自体が巻きついたり、巻きひげや付着根、吸盤、刺を生じたりして伸びあがる植物は、垂直方向への伸長を利用して、立体的に仕立てることができる（図1）。
①建物やブロック塀などの外壁面に仕立てる：ツタ（*Parthenocissus tricuspidata*、図2）やセイヨウキヅタ（*Hedera helix*、図3）は外壁面に直接付着することができる。つる植物を使って外観を演出することで、美しい街づくりにも貢献できる。茎や巻きひげ、刺などにより伸びあがる植物は、支柱材を設置し、適宜、誘引する必要がある。建物などの外壁面に直接誘引する場合、付着根や吸盤が構造物に入り込むことがあり、悪影響を及ぼすことがあり、注意が必要である。
②パーゴラ、アーチに仕立てる：つる植物を絡ませて日陰をつくる棚をパーゴラ（図4、5）と呼び、日本では藤棚がよく知られる。よく似たものにアーチ（図6）が知られ、中央部が上方向に弓形の曲線形状をした構造物を示す。
③フェンスに仕立てる：フェンスとは、本来は土地の境界線を示したり、侵入や転落などの防止をした

図13. トピアリー仕立てのオオイタビ　　　　　　　　　　　　　　　図14. ハンギングバスケット仕立てのヘンリーヅタ

りする目的の柵を示し、隙間があることから、つる植物を活用することで目隠しすることができる。
④トレリス、ラティスに仕立てる：角材などを格子状に組み、つる植物を絡ませて演出する構造物をトレリス（図7）と呼ぶ。鉢に固定して使用できる小型のトレリスがある。トレリスとよく似たものにラティスがあり、本来は窓や住居などを一体化したものを示しますが、厳密に区別されていない。
⑤トンネル状に仕立てる：半円アーチをトンネル状に連続した構造物に、つる植物を絡ませることで、中に緑陰を作り出すことができる（図8）。
⑥緑のカーテンに仕立てる：つる植物を使用して窓を覆うように繁茂させた構造物を緑のカーテンと呼び、アサガオ（*Ipomoea nil*）、ノアサガオ（*Ipomoea indica*）、ヒョウタン（*Lagenaria siceraria*）、ニガウリ（*Momordica charantia*）などが利用される。
⑦フレームなどを活用して仕立てる：金属製などの枠組みを使用して、つる植物を絡ませる手法で（図10）、大型のポール仕立て（図9）や、四角形の断面をもち上方に向かって徐々に狭くなるオベリスク仕立てなどが知られる。
⑧行灯仕立て：鉢に植え付けたつる植物の仕立て方では最も一般的な仕立て方で、太めの針金やプラスティック製の枠などを用いて、茎を誘引して仕立てる。アサガオ（*Ipomoea nil*）でよく知られる（48頁）。
⑨ヘゴ材などに着生させて仕立てる：大型の木生シダであるヘゴ（*Cyathea spinulosa*）の茎に生じる不定根の層を利用したヘゴ材に、付着根を生じるつる植物を付着して仕立てる手法で（図11）、観葉植物でよく見られる。
⑩樹木などに絡ませる：自然風に仕立てることができる（図12）。
⑪スタンダード仕立て：茎を支柱上部まで伸ばし、摘心をして分枝を促し、上部を球状に仕立てる手法である（96頁右下参照）。下垂植物の場合は、茎を下垂させる。

2. 下垂茎および匍匐茎タイプの楽しみ方

匍匐茎をもつ匍匐植物は地表面を覆い、グランドカバープランツとして利用される。また、鉢などに植えると、茎は下垂するため、下垂茎をもつ下垂植物と同様に扱うことができる。
⑬トピアリー仕立て：動物などの形を金網などでつくり、その中に水苔などをつけ、植え付けたオオイタビ（*Ficus pumila*）などで覆う（図13）。
⑭ハンギングバスケット仕立て：いわゆる吊り鉢仕立てで、上部に吊るして、下垂する茎を活かして観賞する（図14）。

第2章

第2章はカラー写真と解説文で、個々のつる植物の種類についてその特徴や栽培のポイントを、以下のように記載しています。

1. つる植物の中でも、特に愛好家の多いバラとクレマチス（河合伸志）、アサガオ（椎野昌宏）を最初に解説した。

2. 次に世界の多様なつる植物を、主として観賞する部位を花、葉、果実に分類して解説した。科の配列については、原則として APG III 分類体系に準拠した邑田仁・米倉浩司著(2013)『維管束植物分類表』の配列を参照とした。科内の配列は、原則として属に対する学名のアルファベット順としたが、一部、紙面構成の関係で変更した。ベゴニア属は椎野昌宏が担当し、他は土橋豊が担当した。

3. 学名は、イギリス王立植物園（キュー・ガーデン）とアメリカ合衆国ミズーリ植物園により共同作成されている The Plant List Version 1.1 (http://www.theplantlist.org/) に従った。

4. 園芸品種名は‘ ’内に示し、外国語の園芸品種名については、その後の（‘ ’）内に原語綴りを記載した。なお、バラなどの商品名は、日本語表記の場合「バラ　ショコラティエ」などと表記する。

CHAPTER 2

植物名の横のアイコンは、下記のようにつる植物の分類を示します。詳しくは 11 頁を参照してください。

巻きつき茎… 茎自体が他物に巻きつく

巻きひげ…… 葉や茎の一部などが変形

吸盤………… 茎巻きひげの先が吸盤となる

付着根……… 他物に付着するため茎から生じた気根の1種

引っかかり… 刺や鉤、毛などが他物に引っかかってよじ登る

寄りかかり… 茎が他の植物の茎の間などをぬって寄りかかり登る

下垂茎……… 水平より下方に伸びる茎

匍匐茎……… 地表を水平に這って伸びる茎

◆ つるバラ

バラ (*Rosa*)【バラ科】

● **小型タイプ**　シュートの伸長が 2m 程度までの品種

バラ '淡雪' *Rosa* 'Awayuki'

バラ '安曇野' *Rosa* 'Azumino'

バラ 'バレリーナ' *Rosa* 'Ballerina'　クレマチスとの混植

バラ　ショコラティエ　*Rosa* 'ZENtuchamini' Chocolatier

【和名】薔薇　【英名】rose
【分布】アジア、ヨーロッパ、北アメリカ、北アフリカに 150 〜 200 種が分布
【タイプ】引っかかり
【最低温度】− 5℃〜− 15℃（種類によって大きく異なる）
【日照条件】日当たりのいい戸外
【利用】フェンス、アーチ、オベリスク、パーゴラ、ガゼボ、壁面、グラウンド・カバー（種類によって異なる）
【特徴】
　バラには多数の園芸品種（以下品種）が存在するが、樹形で分けると木立性（ブッシュ・完全自立）、半つる性（シュラブ・半自立）、つる性（クライミング・自立できない）の 3 つに分類できる。そのうちつるバラ（構造物等に誘引して仕立てるバラ）として栽培されるのは、伸長力がある半つる性の品種とつる性の品種になる。つるバラにはアーチやフェンスなど様々な仕立てがあるが、どのような用途に向くかは枝の太さや硬さ、伸長力によって決まる。これらの性質は品種によって異なり、一般に枝が細くしなやかな品種ほど適応できる範囲が広くなる。また、前年のシュート（長く伸びた力強い新梢）に翌年の初夏に花を咲かせるが、その際にシュートより伸び出す枝（花枝もしくはステム）の長さは品種によって異なる。一般に花枝が短く、シュートの元から先までまんべんなく花を咲かせる品種は、美しい景観を作り出しやすいため優れた品種とされる。

バラ　クリスティアーナ　*Rosa* 'KORgeowim' Christiana

バラ　カクテル　*Rosa* 'MEImick' Cocktail

バラ 'コーネリア' *Rosa* 'Cornelia'

バラ　伽羅奢（がらしゃ）　*Rosa* 'ZENshugra' Gracia

バラ　ジャクリーヌ・デュ・プレ　*Rosa* 'HARwanna' Jacqueline de Pre

バラ　まほろば　*Rosa* 'ZENshumaho' Mahoroba

【主な品種】

●小型タイプ

◆'淡雪'（'Awayuki'）　花径3〜4cmの白色の一重咲きで、大房になって開花する。スパイス系の香りがあり、春以降もよく返り咲く。枝は細めだがやや硬く、花枝が短く、シュートにまんべんなく花を咲かせる。自然樹形ではグラウンド・カバーとして利用できる。

◆'安曇野'（'Azumino'）　花径2cmほどの紅色の一重咲き。大房で開花し、花保ちがとてもよい。やや遅咲き。一季咲きだが秋には多数のローズ・ヒップが結実する。枝は細めでしなやかで、花枝が短く、シュートにまんべんなく花を咲かせる。自然樹形ではグラウンド・カバーとしても利用できる。ハダニに注意が必要。

◆'バレリーナ'（'Ballerina'）　淡桃色の花径3cmほどの一重咲き。円錐状の大房で開花し、花保ちがとてもよい。やや遅咲きで、春以降も返り咲く。花がらを残すと美しいローズ・ヒップが楽しめるが、その後の花が咲きにくくなる。枝は細めでしなやかで花枝が短く、シュートにまんべんなく花を咲かせる。様々な仕立てに向く汎用性の高い品種。ハダニに注意が必要。

◆ショコラティエ（'ZENtuchamini' Chocolatier）　茶色の丸弁平咲きで、花径4cmほどの花を数輪の房で咲かせる。春以降も適時返り咲く。早咲きで、他品種に先駆けて開花する。枝は細めでしなやかで花枝が短く、シュートにまんべんなく花を咲かせる。様々な仕立てに向く汎用性の高い品種。樹勢が強い。

つるバラ

バラ ミステリューズ　*Rosa* 'DORmyst' Mystérieuse

バラ 'オデュッセイア'　*Rosa* 'Odysseia'

バラ ローゼンドルフ・シュパリースホープ
Rosa 'KORdibor' Rosendorf Sparrieshoop

バラ スノー・グース　*Rosa* 'AUSpom' Snow Goose

バラ '夢乙女'　*Rosa* 'Yumeotome'
バラ '雪明り'　*Rosa* 'Yukiakari'
バラ '芽衣'　*Rosa* 'Mei'
バラ '宇部小町'　*Rosa* 'Ubekomachi'

◆クリスティアーナ（'KORgeowim' Christiana）　花径7cmほどのカップ咲きで、淡桃色に中心が濃く染まる。数輪の房で開花することが多く、強い香りがある。春以降も適時返り咲く。枝は太さも硬さも中程度で、花枝が短くシュートにまんべんなく花を咲かせる。耐病性に優れ、樹勢が強い。

◆カクテル（'MEImick' Cocktail）　赤に中心が黄色の花径5cmほどの一重咲き。数輪から大房で開花し、花保ちがよい。春以降もよく返り咲く。枝は細めでしなやかで花枝が短く、シュートにまんべんなく花を咲かせる。様々な仕立てに向く汎用性の高い品種。黒星病に注意が必要。

◆'コーネリア'（'Cornelia'）　花径3～4cmのポンポン咲きで、大房になって開花する。スパイス系の香りがあり、春以降もよく返り咲く。枝は細めでしなやかで花枝が短く、シュートにまんべんなく花を咲かせる。様々な仕立てに向く汎用性の高い品種。ハダニに注意が必要。

◆伽羅奢（'ZENshugra' Gracia）　花径4～5cmの桜色の一重咲き。円錐状の大房で開花し、花もちがとてもよい。遅咲きで、春以降もよく返り咲く。花がらを残すと美しいローズ・ヒップが楽しめるが、その後の花が咲きにくくなる。枝は細くしなやかで、花枝が短く、シュートにまんべんなく花を咲かせる。自然樹形ではグラウンド・カバーとしても利用でき、段差のある場所から下垂させてもよい。

◆ジャクリーヌ・デュ・プレ（'HARwanna' Jacqueline de Pre）　花径6～7cmの白色の半八重咲きで、赤い花芯が映える。スパイス系の強い香りがある。早咲きで、春以

● **中型タイプ**　シュートの伸長が 2 ～ 3m 程度の品種

バラ　'シンデレラ'　*Rosa* 'KORfobalt' Cinderella

バラ　'つる クリムゾン・グローリー'　*Rosa* 'Crimson Glory, Climbing'

バラ　'ダフネ'　*Rosa* 'Daphne'

バラ　'ジャスミーナ'　*Rosa* 'KORcentex' Jasmina

降もよく返り咲く。刺が多い枝はやや太く硬く、花枝は短いが、開花は枝先に集中しやすいので、段差剪定をする必要がある。

◆'まほろば'（'ZENshumaho' Mahoroba）　淡紫色や茶色をベースとした複雑な色合い。早咲き。花径 7 ～ 8cm のカップ咲きで、数輪の房咲きになり、香りがある。返り咲き。枝はやや太く硬めだが、花枝が短く、シュートにまんべんなく花を咲かせる。年数の経過と共にシュートが発生しにくくなるが、古枝に花を咲かせるので大切に残す。

◆'ミステリューズ'（'DORmyst' Mystérieuse）　花径 6 ～ 7cm の赤紫の丸弁平咲き。数輪の房咲きで、花には強い香りがある。春以降も返り咲く。枝は太さも硬さも中程度で、花枝が短くシュートにまんべんなく花を咲かせる。暑さに弱

く、高温期に下葉が黄変・落葉しやすい。黒星病に注意が必要。

◆'オデュッセイア'（'Odysseia'）　黒赤色の花径 6 ～ 7cm の波状弁咲き。数輪の房咲きで、花には強い香りがある。春以降もよく咲く。枝は刺が少なめで、太さも硬さも中程度。花枝が短くシュートにまんべんなく花を咲かせる。

◆'ローゼンドルフ・シュパリースホープ'（'KORdibor' Rosendorf Sparrieshoop）　花径 7cm ほどのピンク色の波状弁咲きで、数輪から大きめの房になって開花する。花もちがとても良く、雨でも痛みにくい。四季咲き性が強い。枝はやや太く刺が大きくゴツゴツした印象だが、見た目よりはしなやかで誘引しやすい。花枝が短く、シュートにまんべんなく花を咲かせる。様々な仕立てに向く汎用性の高

つるバラ

バラ レディ・オブ・シャーロット　Rosa 'AUSnyson' Lady of Shalott

バラ ピエール・ドゥ・ロンサール　Rosa 'MEIviolin' Pierre de Ronsard
バラ ル・ポール・ロマンティーク Rosa 'ZENtuyamashita' Le Port Romantique

バラ ポンポネッラ　Rosa 'KORpompan' Pomponella
バラ アンジェラ Rosa 'KORday' Angela

バラ プリンセス・シヴィル・ドゥ・ルクセンブルグ
Rosa 'ORAfantanov' Princesse Sibilla de Luxembourg

い品種。年数の経過と共に株元からのシュートが出にくくなる。

◆スノー・グース（'AUSpom' Snow Goose）　花径3cmほどのポンポン咲きの花を大きめの房で咲かせる。スパイス系の香りがあり、春以降もよく返り咲く。枝は細くしなやかで、花枝が短くシュートにまんべんなく花を咲かせる。様々な仕立てに向く汎用性の高い品種。耐病性に優れ、樹勢が強い。

◆'宇部小町'（'Ubekomachi'）　花径2cmほどの淡桃色のポンポン咲きで、開花後に白く退色し、満開時は2色咲きに見える。大房で開花し、花保ちがとてもよい。やや遅咲きで、一季咲。枝は細くしなやかで、花枝が短く、シュートにまんべんなく花を咲かせる。自然樹形ではグラ

ウンド・カバーとしても利用できる。類似品種に'夢乙女'（'Yumeotome'）があり、本品種と区別がつかない。また'夢乙女'には白色の枝変わり'雪明り'（'Yukiakari'）と大型の枝変わり'芽衣'（'Mei'）があり、ほぼ同等の性質。

●中型タイプ

◆シンデレラ（'KORfobalt' Cinderella）　花径6〜7cmの淡桃色のカップ咲きで、数輪の房になって開花する。春以降もよく返り咲く。枝は太さも硬さも中程度で、花枝は短めで、シュートに比較的まんべんなく花を咲かせる。耐病性に優れ、樹勢が強い。

◆'つる クリムゾン・グローリー'（'Crimson Glory, Climbing'）　ヴェルヴェット光沢を持つ濃赤色の剣弁高芯〜

26　CHAPTER 2

バラ サハラ *Rosa* 'TANarasah' Sahara

バラ サラマンダー *Rosa* 'ZENtusplash' Salamander

バラ '新雪' *Rosa* 'Shinsetsu'

バラ スピリット・オブ・フリーダム *Rosa* 'AUSbite' Spirit of Freedom

抱え咲きで、数輪の房咲きになることが多い。花径8cmほど。とても強いダマスク系の香りがあり、春以降も適時返り咲く。枝は中程度の太さと硬さだが、花枝が短くシュートにまんべんなく花を咲かせる。花首がうつむくように開花するので、目線より高い位置で花を咲かせるように誘引するとよい。樹勢が強いが、ウドンコ病に注意が必要。

◆'ダフネ'('Daphne') 花径6〜7cmの桃色の波状弁カップ咲き。数輪の房咲きになる。花保ちがよく、花弁が雨に痛みにくい。春以降もよく返り咲く。枝は太さも硬さも中程度で、花枝はやや長く、シュートに比較的まんべんなく花を咲かせる。樹勢が強く、耐病性に優れる。

◆ジャスミーナ('KORcentex' Jasmina) 濃い桃色の花径6〜7cmのカップ咲きで、青リンゴのような香りがある。

数輪の房咲きで、春以降も返り咲く。やや遅咲き。枝は太さも硬さも中程度で、花枝は長く、横向きにやや下垂するので、植栽場所は選ぶ必要がある。シュートに比較的まんべんなく花を咲かせる。樹勢が強く、耐病性に優れる。

◆レディ・オブ・シャーロット('AUSnyson' Lady of Shalott) オレンジに花弁裏が黄色の花径6cmほどのカップ咲き。数輪の房咲きになり、心地よいティー系の香りがある。春以降も返り咲く。枝はやや細く硬さは中程度。シュートに比較的まんべんなく花を咲かせる。樹勢が強い。

◆ピエール・ドゥ・ロンサール('MEIviolin' Pierre de Ronsard) カップ咲きの花は中心が桃色を帯びる。花径8〜9cmで、数輪の房咲きになる。春以降は少し返り咲く。枝は太く硬いが、花枝が短く、シュートにまんべんなく

バラ 'サマー・スノー' *Rosa* 'Summer Snow'

バラ サンセット・グロウ *Rosa* 'CHEwalibaba' Sunset Glow

バラ 玉鬘 *Rosa* 'ZENtukazura' Tamakazura
バラ 珠玉 *Rosa* 'ZENtushugyo' Shugyoku
バラ 紅玉 *Rosa* 'ZENtukou' Kougyoku

バラ ティージング・ジョージア *Rosa* 'AUSbaker' Teasing Georgia

バラ トランクウィリティー *Rosa* 'AUSnoble' Tranquillity

花を咲かせる。花首がうつむくように開花するので、目線より高い位置で花を咲かせるように誘引するとよい。年数の経過と共にシュートが発生しにくくなるが、古枝に花を咲かせるので大切に残す。枝変わりに、中心の色が淡くなったブラン・ピエール・ドゥ・ロンサール（'MEIviowit' Blanc Pierre de Ronsard）や花色が濃くなったル・ポール・ロマンティーク（'ZENtuyamashita' Le Port Romantique）などがあり、花色以外の性質はほぼ同等。

◆ポンポネッラ（'KORpompan' Pomponella）　花径4cmほどの濃桃色の抱えるようなカップ咲きで、大房になって開花し、花もちがとてもよい。春以降もよく咲く。枝は細めでややしなやかで、花枝が短くシュートにまんべんなく花を咲かせる。様々な仕立てに向く汎用性の高い品種。耐病性にとても優れ、樹勢が強い。本品種の親となった半八重咲きのアンジェラ（'KORday' Angela）も同等の性質だが、耐病性や返り咲く度合いは本品種よりやや劣る。

◆プリンセス・シヴィル・ドゥ・ルクセンブルグ（'ORAfantanov' Princesse Sibilla de Luxembourg）花径6cmほどの赤紫色の半八重咲きで、大房で開花する。スパイス系の強香。春以降もよく咲く。刺が多い枝は太く硬く、花枝は短いが、開花は枝先に集中するので、段差剪定をする必要がある。耐病性に優れ、樹勢が強い。

◆サハラ（'TANarasah' Sahara）　鮮やかな山吹色で、後に退色する。花径8cmほどで、数輪の房咲きになることが多い。春以外は少し返り咲く。花弁が強く雨などで痛みにくく、花もちがとてもよい。枝は硬さも太さも中程度で、

● **大型タイプ**　シュートの伸長が3mを超える品種

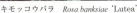
キモッコウバラ　*Rosa banksiae* 'Lutea'

バラ　アルバ・メイディランド　*Rosa* 'MEIflopan' Alba Meidiland

バラ　'アルベルティーヌ'　*Rosa* 'Albertine'

バラ　'群星'　*Rosa* 'Gunsei'

花枝が短くシュートにまんべんなく花を咲かせる。樹勢が強いが、黒星病には注意が必要。

◆サラマンダー（'ZENtusplash' Salamander）　目の覚めるような鮮やかなストライプの一重咲き。花径6〜7cmで、大きめの房で開花する。花もちがとてもよく、春以降もよく返り咲く。刺が多い枝はやや太く硬く、花枝は短いが、開花は枝先に集中しやすいので、段差剪定をする必要がある。樹勢が強い。

◆'新雪'（'Shinsetsu'）　花径7〜8cmの純白の剣弁高芯咲き。数輪の房咲きで、強香。春以降もよく咲く。枝は中程度の太さで、比較的しなやか。花枝は長く、シュートにまんべんなく花が咲く。年数の経過と共にシュートが発生しなくなるので、株元の古枝を大切に残す必要がある。

◆スピリット・オブ・フリーダム（'AUSbite' Spirit of Freedom）　花径8cmほどの淡桃色のカップ咲き。数輪の房咲きになることが多く、とても強い香りがある。枝は太さも硬さも中程度で、開花は枝先に集中しやすいので、段差剪定をする必要がある。樹勢が強い。

◆'サマー・スノー'（'Summer Snow'）　花径4〜5cmの白色の半八重咲きで、円錐状の大房で咲き、花もちがとてもよい。一季咲き。刺が無く、枝は細くしなやかで、花枝が短くシュートにまんべんなく花を咲かせる。様々な仕立てに向く汎用性の高い品種。樹勢が強いが、ウドンコ病とハダニに注意が必要。枝変わりに桃色の'春霞'（'Harugasumi'）があり、性質はほぼ同等。

◆サンセット・グロウ（'CHEwalibaba' Sunset Glow）　花

つるバラ

バラ'春風' Rosa 'Harukaze'
バラ'ゴールデン・リバー' Rosa 'Golden River'

バラ アイヴァンホー Rosa 'CHEwpurplex' Ivanhoe

バラ'ミラディ・ドゥ・ウィンター' Rosa 'Milady de Winter'

バラ'ホワイト・ニュー・ドーン' Rosa 'White New Dawn'
バラ'ニュー・ドーン' Rosa 'New Dawn'

径7cmほどの銅色を帯びたオレンジの波状弁咲きで、数輪の房になって開花する。強い香りがあり、花首はややうつむく。春以降も返り咲く。枝は太さも硬さも中程度。花枝は短めだが、開花は枝先に集中しやすいので、段差剪定をする必要がある。耐病性に優れ、樹勢が強い。

◆玉鬘（'ZENtukazura' Tamakazura）　花径3cmほどの淡桃色の抱えるようなカップ咲き。円錐状の大房咲きで、花もちがとてもよい。春以降は主に秋に返り咲く。刺が少ない枝は細くしなやかで、花枝が短くシュートにまんべんなく花を咲かせる。様々な仕立てに向く汎用性の高い品種。樹勢が強い。本品種は珊瑚色の珠玉（'ZENtushugyo' Shugyoku）の枝変わり品種で、同じく枝変わり品種に紅玉（'ZENtukou' Kougyoku）がある。いずれも性質はほぼ同じだが、花色の関係で紅玉は他の2品種よりも花が小ぶりに見える。

◆ティージング・ジョージア（'AUSbaker' Teasing Georgia）　花径8〜9cmの山吹色のカップ咲き。数輪の房咲きになり、ティー系の強い香りがある。春以降は夏まで返り咲く。枝の太さは中程度でやや硬い。花枝が中程度の長さで、比較的まんべんなく花を咲かせる。年数の経過と共にシュートが発生しにくくなるので、株元の古枝を大切に残す必要がある。

◆トランクウィリティー（'AUSnoble' Tranquillity）
アイボリーのロゼット咲きで、数輪の房で開花する。花もちがよく、雨で傷みにくい。ティー系の良い香りがある。花の重みでうつむき加減に咲くので、目線より高めの位置で咲かせるとよい。枝は太さも硬さも中程度で、花枝は短めでシュートにまんべんなく花を咲かせる。

バラ 'ポール・ノエル' *Rosa* 'Paul Noël'

バラ ポールズ・ヒマラヤン・ムスク
Rosa 'Paul's Himalayan Musk Rambler' Paul's Himalayan Musk

バラ 伸 *Rosa* 'ZENtufather' Shin

バラ スパニッシュ・ビューティ
Rosa 'Madame Grégoire Staechelin' Spanish Beauty

●大型タイプ

◆キモッコウバラ（*R. banksiae* 'Lutea'）　中国原産。淡黄色の花径 2cm ほどの花を大房で咲かせる。極早咲き。枝は刺が無く細くしなやかで、弓状に伸長しながら分枝を繰り返す。花枝が短く、分枝を繰り返した細い枝先を中心に花を咲かせる。半常緑性で、冬季に落葉しにくい。樹勢が強く、大株に成育する。黒星病耐病性に優れ、発生することがほぼない。本品種には枝変わりに 'ルテスケンス'（*R.banksiae* 'Lutescans'）という一重咲きのものが存在し、性質はほぼ同等だが少量の刺が存在する。また、本種と対にされるものにモッコウバラ（*R. banksiae* f. *alboplena*）があり性質が良く似ているが、キモッコウバラより初期成育が早いが若苗での花付きが悪く、開花も数日遅い。蕾での落下も多く、独特の香りがあり周囲に拡散する。モッコウバラの野生型とされる一重咲きのノルマリス（*R. banksiae* var. *normalis*）も流通し、性質はモッコウバラと同じだが、少量の刺がある。

◆アルバ・メイディランド（'MEIflopan' Alba Meidiland）
　花径 2〜3cm のロゼット咲きで、円錐状の大房で開花し、花もちがとてもよい。遅咲きで、春以降も返り咲く。枝は細くしなやかで、花枝が短くシュートにまんべんなく花を咲かせる。花の重さで花房が下垂するので、目線より高い位置で咲かせるようにするとよい。特に伸長力が強く、大型の構造物に向く。樹勢が強く、耐病性に優れる。

◆ 'アルベルティーヌ'（'Albertine'）　花径 6〜7cm の淡鮭桃色の半八重咲きで、数輪の房になって開花する。強いティー系の香りがあり、一季咲き。枝は細くややしなやかだが、刺が大きく枝同士が絡まるとほどくのに苦労する。花枝は短く、シュートにまんべんなく花を咲かせる。伸長力が強く、大型の構造物に向く。黒星病耐病性があり、樹勢が

強い。

◆'群星'（'Gunsei'）　花径3cmほどのポンポン咲きで、円錐状の大房咲き。早咲きで、一季咲き。刺が無く、枝は細くしなやかで、花枝が短くシュートにまんべんなく花を咲かせる。様々な仕立てに向く汎用性の高い品種。樹勢が強いが、ハダニに注意が必要。自然樹形ではグラウンド・カバーとして利用できる。本品種の実生には'群舞'（'Gunmai'）という品種があり、花が1回り小ぶりなこと以外は性質が同等で、合わせて使いやすい。

◆'春風'（'Harukaze'）　花径6cmほどの丸弁平咲きで、濃桃色に花弁裏と底が黄色を帯びる。数輪の房咲きになり、花もちがよい。早咲きで、一季咲き。刺が無く、枝は細くしなやかで、花枝が短くシュートにまんべんなく花を咲かせる。様々な仕立てに向く汎用性の高い品種。樹勢が強い。自然樹形ではグラウンド・カバーとして利用できる。同じ交配親から生まれた姉妹品種の'ゴールデン・リバー'（'Golden River'）は山吹色で、性質がよく似ているが枝がやや太く硬く、分枝が少ない。

◆アイヴァンホー（'CHEwpurplex' Ivanhoe）　花径4～5cmの濃赤紫色のロゼット～ポンポン咲きで、円錐状の大房咲き。遅咲きで、春以降は時々返り咲く。強いスパイス系の芳香がある。枝は細くしなやかで、花枝が短くシュートにまんべんなく花を咲かせる。様々な仕立てに向く汎用性の高い品種。樹勢が強く、耐病性に優れる。

◆'ミラディ・ドゥ・ウィンター'（'Milady de Winter'）花径6cmほどの剣弁高芯咲きで、淡桃色に桃色の糸覆輪が入る。数輪の房咲きになり、花保もちがよいが、花弁が雨などで傷むことがある。春以降は時々返り咲く。枝は中程度の太さだがしなやかで、シュートにまんべんなく花を咲かせる。花枝がやや長く、横向きに下垂するように伸長し、花首がうつむくので、植栽場所は選ぶ必要がある。樹勢が強い。

◆'ニュー・ドーン'（'New Dawn'）　花径6cmほどの淡桃色の剣弁平咲きで、数輪の房になって開花し、青リンゴのような香りがある。春以降は時々返り咲く。枝は中程度の太さだがしなやかで、シュートにまんべんなく花を咲かせる。花枝が長く、横向きにやや下垂するように伸長するので、植栽場所は選ぶ必要がある。刺は大きく、枝同士が絡まると誘引時にほどくのに苦労する。枝変わりに白色の'ホワイト・ニュー・ドーン'

（'White New Dawn'）と花弁の枚数が増してロゼット咲きになった'アウェイクニング'（'Awakening'）があり、性質はほぼ同等。

◆'ポール・ノエル'（'Paul Noël'）　花径5～6cmのローズを含む鮭桃色のロゼット咲きで、数輪の房になって開花する。ティー系の香りがある。春以降はごく稀に返り咲く。刺の少ない枝は細くしなやかで、自然状態では下垂する。花枝が短くシュートにまんべんなく花を咲かせる。黒星病耐性があり、樹勢が強い。同じ作者による同タイプの品種として'フランソワ・ジュランヴィル'（'François Juranville'）、'ポール・トランソン'（'Paul Transon'）、'ルネ・アンドレ'（'René André'）、'オーギュスト・ゲルブ'（'Auguste Gervais'）、'レオンティーヌ・ゲルブ'（'Léontine Gervais'）などが知られるが、いずれも花型や花色が多少異なる以外は性質がよく似ていて、特に伸長力が強く大型の構造物に向く。本品種はその中では株元からのシュートが発生しやすく、枝の世代交代が早い。

◆ポールズ・ヒマラヤン・ムスク（'Paul's Himalayan Musk Rambler' Paul's Himalayan Musk）　花径2.5cmほどの淡桃色のポンポン咲きで、円錐状の大房で開花する。スパイス系の香りがあり、はらはらと散る姿が花吹雪を思わせる。枝は細いが中程度の硬さで、花枝が短くシュートにまんべんなく花を咲かせる。鉤状の鋭い刺があるので、誘引時には注意が必要。特に伸長力が強く、大型の構造物に向く。

◆伸（'ZENtufather' Shin）　花径2.5cmほどの黒味を帯びた赤に中心が白く抜ける一重咲き。円錐状の大房で咲き、花もちがとてもよい。遅咲きで、春以降は時々返り咲く。枝は細くしなやかで、花枝が短くシュートにまんべんなく花を咲かせる。花の重さで花房が下垂するので、目線より高い位置で咲かせるようにするとよい。特に伸長力が強く、大型の構造物に向く。樹勢が強く、耐病性に優れる。

◆スパニッシュ・ビューティ（'Madame Grégoire Staechelin' Spanish Beauty）　花径8～10cmの桃色の波状弁咲きで、数輪の房咲きになる。早咲きで、花には強い香りがある。一季咲き。花はややうつむき加減に咲くので、目線より高い位置で咲かせるようにするとよい。枝は中程度の太さだがややしなやかで、花枝が短くシュートにまんべんなく花を咲かせる。うどんこ病に注意が必要だが、樹勢が強い。

【つるバラの栽培のポイント】
（地植え、関東以西の平地標準）

苗の種類

つるバラは主に接ぎ木によって増殖し、苗には次の3種類がある。

新苗（流通時期：4〜6月）

前年の夏〜秋もしくは当年の冬に接ぎ木し、そのままポットに植え込んで流通する若苗。生育期に流通するため、良し悪しの判別がしやすい。四季咲き・返り咲きの品種は先端に蕾が付くことが多く、一季咲き性の品種の開花は翌春以降になる。品種名の頭に「つる」が付く枝変わりによるつるバラは、先端に蕾がある苗は親のブッシュ・ローズに先祖帰りしている可能性が高いので避ける。新苗は直接庭に植えつけることも可能だが、小さな苗のためできれば鉢である程度枝を伸ばしてから植え付けたほうがよい。

大苗（流通時期：10〜2月）

新苗と同じ苗を畑に定植し、秋まで生育させた後に掘り上げて流通する苗。流通形態は裸苗（掘り上げたまま袋詰めにして流通）、ロング・ポット苗（仮植え状態で流通する苗）、鉢植え大苗（本格的に植え込んだ状態で流通する苗）の3タイプがある。新苗より大きく育っているので失敗が少ないが、葉がないので苗の良し悪しの判断が初心者にはやや難しい。四季咲き・返り咲きの品種は植え付け後最初の春より開花するが、枝が短く切り詰められているため本来のつるバラらしい姿では咲かない。一季咲きの品種は最初の春に咲かないこともあり、その場合の開花はさらに一年後の春になる。

鉢植え苗（長尺苗）

（流通時期：主に春と秋・専門店では通年）

大苗や新苗を鉢で育てた苗で、つるバラ品種の枝を長く伸ばしたものは長尺苗と呼ばれる。生育期は葉があるので苗の良し悪しの判別がしやすい。手間がかかっている分だけ割高だが、全ての品種が植え付け後最初の春より開花し、姿も本来のつるバラに近い姿になる。

植え付け

植え付け前の苗の準備

大苗や鉢植え苗に接ぎ木テープが巻かれている場合は外しておく。大苗の裸苗の場合は、活力剤に30〜60分程度漬けて吸水させておく。大苗のロング・ポット苗は、落とせるようであれば仮植え用土を落とすが、白い根がびっしりと張っていて落ちない場合は無理をしない。根が回った鉢植え苗は、外側を軽く崩しておくと、スムーズに活着しやすい。

植え付け

直径50cm、深さ50cmを目標に穴を掘り、底に堆肥2ℓと発酵油粕500gを入れて穴底に残っている土とよく撹拌する。穴掘りの際に堀上げた土に堆肥10ℓを混ぜ込むが、堆肥の量は土の量の3割を目安にする。ただし、穴の大きさに合わせて量を調整すること。根鉢の大きさに合わせて土を穴に戻す。苗を穴の中心に据え、周囲に土を入れる。土を入れ終わった後は、株の周りにドーナツ状に土手を作り、水をたっぷりと溜め込むように与える。大苗の裸苗の場合は、軽く株をゆすり根の間に土が入るようにする。水が引いた後は、土を平らにし、支柱を立てる。大苗は不織布を巻いて乾いた寒風にさらされないようにする。不織布は寒さが緩む3月上旬を目処に外す。

灌水

植え付け後苗が活着したら、梅雨明け後から秋雨時期の真夏の高温期を除けば、ほぼ灌水は必要ない。高温期に雨が降らない場合は、1週間に1回程度たっぷりと与える。回数を多く与えるよりも、量を十分に与えることの方が大切である。

施肥

冬季に寒肥として1株当たり発酵油粕500g、堆肥2ℓ程度を周囲に数ヶ所穴を掘って埋める（株元より30〜50cm程度離した位置が目安）。また、花後にお礼肥として1株当たり発酵油粕250g程度を与える。つるバラの一番花以降の開花は木立性の品種ほど咲かないので、株がエネルギーを消耗しにくく、品種や生育状況によっては施肥量を調整しないと、過繁茂で困る場合もある。葉色（肥料切れになってくると葉色が黄色っぽくなる）や新芽の伸びなどで総合的に判断・調整し、場合によっては全く与えなくてもよい。

つるバラの剪定と誘引

バラの成育特性と剪定の考え方

バラは新しい枝が発生すると古い枝が衰退するという「新陳代謝」を繰り返す植物なので、シュート（新しく勢いの良い枝）が発生した場合には、冬季の剪定で古い枝を除去して枝を入れ替える。シュートの発生する度合いは品種によって異なり、アイヴァンホーのように毎年シュートが発生する品種もあれば、'新雪'のように世代交代が極めてゆっくりでシュートの発生が少なく、年数の経過と共にほとんどシュートを発生させなくなる品種もある。後者のようなタイプは古枝も大切にする。

つるバラの誘引

　つるバラの枝が伸びるまま放置し花を咲かせることも可能だが、通常は扱いやすくするためにアーチやフェンスなどの構造物に、休眠期に誘引し株型を整えて花を咲かせる。適期は枝の水分が少なくなる12月中旬から芽が膨らみ始める前の1月末になる。バラは概ね頂芽優勢という性質を保有しており、まっすぐに枝を立てたままでは、養分は枝先付近に集まりがちになり、花は先端にしか咲かなくなる。長く伸びた枝の元から先まで均等に花を咲かせるためには、枝をなるべく水平に寝かせるように曲げることが必要。このようにすると翌春には枝の元から先まで花を咲かせる（Aタイプ）。ところが近年つるバラの改良が進んだ結果、より大輪になり四季咲き性が強いつるバラの品種が増えてきたが、これらの多くは基本の通り水平に誘引をしても、花が枝先1/2～1/3にしか咲かない傾向がある（Bタイプ・正確には前者と後者の中間も存在し、生育状況によっても変化する。）Bタイプのような品種は伸びた枝を切る長さを変えて、全体に花を咲かせるようにするとよい。

花のつき方のタイプ

Aタイプ

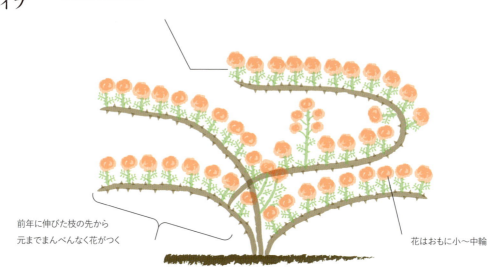

花枝は短めで、構造物の面に沿って整然と咲く

前年に伸びた枝の先から元までまんべんなく花がつく

花はおもに小～中輪

Bタイプ

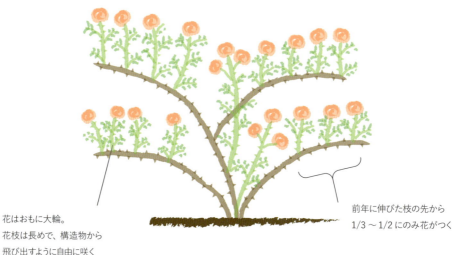

花はおもに大輪。花枝は長めで、構造物から飛び出すように自由に咲く

前年に伸びた枝の先から1/3～1/2にのみ花がつく

オベリスクへの誘引…太い枝をらせん状に巻きつける

Aタイプの場合

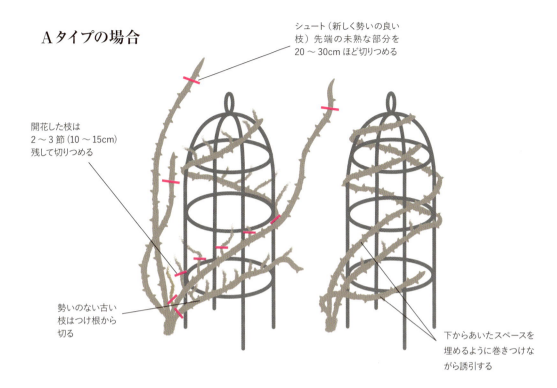

シュート（新しく勢いの良い枝）先端の未熟な部分を20〜30cmほど切りつめる

開花した枝は2〜3節（10〜15cm）残して切りつめる

勢いのない古い枝はつけ根から切る

下からあいたスペースを埋めるように巻きつけながら誘引する

Bタイプの場合

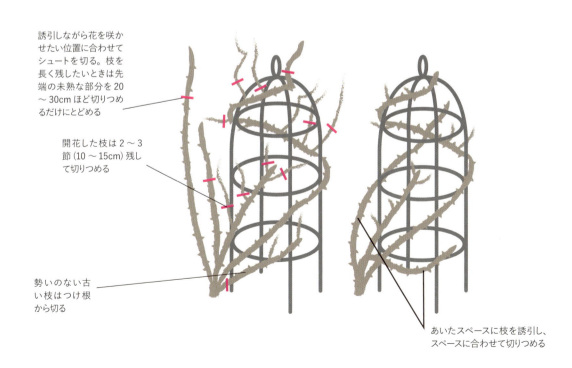

誘引しながら花を咲かせたい位置に合わせてシュートを切る。枝を長く残したいときは先端の未熟な部分を20〜30cmほど切りつめるだけにとどめる

開花した枝は2〜3節（10〜15cm）残して切りつめる

勢いのない古い枝はつけ根から切る

あいたスペースに枝を誘引し、スペースに合わせて切りつめる

アーチへの誘引…ゆるいＳ字状に枝を配置する

Ａタイプの場合

シュート先端の未熟な部分を20〜30cmほど切り詰める。残した部分全体に花がつくのでスペースがあるところに誘引

開花した枝は2〜3節（10〜15cm）残して切りつめる

勢いのない古い枝はつけ根から切る

あいたスペースを埋めるようにゆるくＳ字を描かせて誘引

Ｂタイプの場合

誘引しながら花を咲かせたい位置に合わせてシュートを切る。枝を長く残したいときは先端の未熟な部分を20〜30cmほど切りつめるだけに

開花した枝は2〜3節（10〜15cm）残して切りつめる

勢いのない古い枝はつけ根から切る

途中のあいたスペースに誘引し、スペースに合わせて切りつめる

最適期		適期ではないが可能	

	1月	2月	3月	4月	5月
つるバラの剪定・誘引		（なるべく早く）			
施肥	寒肥				
移植					
大苗の植え付け					
新苗の植え付け					
鉢苗（長尺苗）の植え付け					
潅水					
病害虫防除	カイガラムシ対策		各種病害虫対策		

病害虫防除

つるバラには各種の病害虫が発生することがある。発生時期が限られているものがほとんどで、早期発見・早期対処により被害を最小限に抑えることが大切である。主な病害虫には次のようなものがある。

黒星病（5月中旬～11月）

最も深刻な病害で、葉に黒い斑点が表れ、やがて黄変して落葉する。瞬く間に広がり、特に雨の多い季節に発生しやすい。落葉してしまうため光合成ができなくなり、成育は著しく悪化する。品種間の強弱の差があり、近年ドイツのコルデス社の品種を中心に黒星病耐性の強いものが登場してきている。罹病した葉や落葉した葉を摘み取り清掃すると同時に薬剤で防除する。

うどんこ病（4月中旬～7月上旬、9月下旬～11月）

主に新しい葉を中心に白い粉を吹いたようになり、葉や新芽が萎縮する。空気のよどんだ環境下で発生しやすい。落葉まで至ることは少ないが、見栄えが著しく悪化し、成育も阻害される。粉が飛んで広がるので、洗い流すだけでも一定の効果がある。品種間に強弱の差があり、近年ヨーロッパの大手育種会社の品種を中心に耐性の強いものが登場してきている。周囲の植物を整理して通気を確保し、薬剤で防除する。

アブラムシ類（4月上旬～7月上旬、9月下旬～11月）

新芽や若葉を中心に付着し、樹液を吸い取る。主に春先から初夏に多い。見た目は著しく悪化するものの、実害が意外にも少ない。二次被害でスス病が発生することがある。発生したら薬剤で防除するが、なるべく初期に行うことが大切。

チュウレンジハバチ（4月中旬～11月）

成虫は枝に産卵し、その跡が裂ける。幼虫は葉に群がっ

て食害し、対処が遅れると、葉脈だけを残して株全体の葉がほとんど食べられる。薬剤散布で防除する。

ハダニ類（6～9月）

主に高温期に発生し、葉がかすれたような状態になり、酷くなるとクモの巣状に糸を張って落葉し、著しく成育が悪化する。雨のあたりにくい環境でより発生しやすい。葉水や薬剤散布で防除する。

クロケシツブチョッキリ（4月中旬～7月）

新芽の先端や小さな蕾が黒く焦げたようになり、枯死する。初夏の開花期前に被害にあうと、一季咲きの品種では翌年まで花が咲かないことがある。被害部分は切り取り、薬剤散布で防除する。

カイガラムシ類（ほぼ通年）

白い貝殻状もしくは粉状の害虫が枝に付着して吸汁し、株を弱らせ、最終的には枯死に至ることもある。粉状の幼虫は薬剤で防除し、貝殻状の成虫はブラシでこそぎ落とすか薬剤で防除する。

移植

つるバラは大株でも移植が可能だが、決して好ましくはないので、不必要な移植は回避した方がよい。適期は12月中旬～2月の休眠期になる。株の周囲よりスコップを入れて丁寧に堀上げ、根の量の3倍程度に地上部の枝を整理する。その際には新しく元気の良いシュートを優先して残す。準備した穴に植え付け、支柱を立てて枝を結束し、全体に不織布で覆い、乾いた寒風を防ぐ。不織布は寒さが緩む3月上旬を目処に外し、必要に応じて誘引を行う。この時期には既に芽が伸びているので、作業は丁寧に行う。

		6月	7月	8月	9月	10月	11月	12月
			お礼肥					
			（必要に応じて）					
								カイガラムシ対策

◆ クレマチス

クレマチス属 (*Clematis*) 【キンポウゲ科】

アトラゲネ系の1園芸品種 　　　　　　　　　　　　　フラミュラ系の1系統　クレマチス・レクタ・プルプレア　*Clematis recta* var. *purpurea*

フォステリー系の1種　クレマチス・ペトリエイ　*Clematis petriei*　　ヘラクレイフォリア系の1園芸品種　　モンタナ系の1種
　　　クレマチス・スプーネリ　*Clematis spooneri*

【分布】アジア、ヨーロッパ、北アメリカ、オセアニに約300種が分布
【タイプ】巻きひげ
【最低温度】0℃〜−20℃（系統・種類によって大きく異なる）
【日照条件】日当たり〜半日陰（系統・種類により異なる）
【利用】フェンス、アーチ、オベリスク、パーゴラ、ガゼボ、壁面、グラウンド・カバー、立ち木（種類によって異なる）
【特徴】
　クレマチス属の植物は北米、アジア、ヨーロッパなどの北半球各地とオセアニアに自生し、植物形態や植物特性は大きく異なるものの、その多くはつる性植物として生育する。日本にはカザグルマやクサボタン、センニンソウなど数種が自生し、そのうちカザグルマは園芸品種の重要な交配親となっている。クレマチスの野生種や園芸品種はいくつかの系統に分類され、近縁の野生種間では交配が行われ一部の系統では盛んに園芸品種が作られている。中でも早咲き大輪系や遅咲き大輪系、ヴィチセラ系、テキセンシス系、ヴィオルナ系、インティグリフォリア系、フロリダ系は園芸植物としてはとても重要な存在となっていて、欧米を中心にガーデニングに多く用いられている。特にクレマチスはバラとの相性がよいことから、組み合わせて植栽されることが多い。国内ではその他にアーマンディー系やアトラゲネ系など数系統が流通するものの、次のような点で問題があり、主要系統ほどは栽培されない。

【主な系統】
●アーマンディー系
　香りのよい花を春に多数咲かせる。沖縄を除く関東以西の平地では栽培できるが、厳しい寒さにさらされると葉が痛み、常緑のため見苦しい。5〜8mととても大きく生育するため植栽場所が限定され、立ち木などに絡みついた場合は大きな葉で木が覆われて枯死することもある。
●アトラゲネ系
　野趣のある美しい花で、花色にも幅があり、開花期は主に春。寒冷地では栽培にさほど苦労しないが、日本の関東以西の平地では高温多湿によって枯死することが多く、

クレマチス　ジョゼフィーヌ　*Clematis* 'Evijohill' Josephine

クレマチス'マリー・ボワスロ' *Clematis* 'Marie Boisselot'

クレマチス'面白' *Clematis* 'Omoshiro'

栽培が難しい。

●フラミュラ系

小さな十字型の花を初夏から夏に多数咲かせ、香りが強い。暑さ寒さに強く育てやすいが、多くのものが3～5mと大きく育つため植栽場所を選ぶ必要があり、旺盛に茂るため絡みつかれた木が枯死することもあるので注意が必要。クレマチス・アロマティカ（*C.* × *aromatic*）やクレマチス・レクタ・プルプレア（*C. recta* var. *purpurea*）など小型の品種は栽培しやすい。

●フォステリー系

雌雄異株の系統。小輪の花を春に多数咲かせ、葉も美しい種類もある。高温多湿や厳しい寒さを嫌い、露地植えでの栽培は難しい。

●ヘラクレイフォリア系

一見してクレマチスには見えない姿で、木立性のグループ。初夏から秋に小さな花を多数咲かせる。性質は丈夫で育てやすいものが多いが、葉が大きく立派なわりに花が小さく地味で見劣りするためかあまり栽培されない。

●モンタナ系

愛らしい四弁花を春に多数咲かせる。3～5mと大きく生育するものの、葉がさほど大きくないため絡みつかれた植物が枯死することは少ない。高温多湿に弱く、関東以西の平地では概ね3年以内に枯死することが多い。

●シルホサ系

秋から咲き始め春まで断続的に開花。他の花が少ない時期に開花する点では価値が高いが、花はやや地味。性質は強く栽培しやすいが、夏に休眠し葉が枯れた姿が見苦しい。

●タングチカ系

クレマチスでは珍しい黄色系の種類が多い。花数が多いものの、花はやや小さく地味な印象で目立ちにくい。花後の果球が柔らかな印象で魅力的。夏の高温多湿に弱く関東以西の平地での栽培はやや難しい。

●ヴィタルバ系

フラミュラ系と生育特性が似ていて、初夏から夏に小さな花を多数咲かせる。丈夫で栽培しやすいが、同様の欠点を持つものが多い。

クレマチス

クレマチス'ハグレー・ハイブリッド' Clematis 'Hagley Hybrid'

クレマチス'フルディーン' Clematis 'Huldine'

クレマチス'ジャックマニー' Clematis 'Jackmanii'

クレマチス'プリンス・チャールズ' Clematis 'Prince Charles'　バラとの混植

クレマチス'ホワイト・プリンス・チャールズ' Clematis 'White Prince Charles'

●早咲き大輪系

　一般的なクレマチスのイメージの花を咲かせ、カザグルマ（C. patens）やクレマチス・ラヌギノーサ（C. lanuginosa）を元に改良された系統。花色が豊富で大きな花を咲かせ、関東以西の平地では4月下旬～5月中旬頃に開花する。近年は改良が進み一番花以降にも咲く品種が増えてきたが、返り咲く度合いは品種によって異なり、全般には二番花以降の開花は少ない。旧枝咲きの性質。やや暑さを苦手とし、立ち枯れ病に弱い品種もある。

◆ジョゼフィーヌ（'Evijohill' Josephine）

　ラベンダー・ピンクの八重咲きで、中央の花弁が次々と展開し、咲き始めから咲き終わりまで花姿が大きく変化する。花径10～12cmほどの大輪で、花保ちがよい。関東以西の平地では5月上旬から5月中旬に開花する。つるの伸長は2m程度。二番花以降も時々開花する。

◆'マリー・ボワスロ'（'Marie Boisselot'）

　乳白色の丸弁咲きで、花径15cmを超える巨大輪。古くから国内に導入された品種で、当時は'マダム・ヴァンホーテ'（'Mme. Van Houten'）の名前で流通していた。関東以西の平地では5月上旬から5月中旬に開花する。つるの伸長は2m程度。二番花以降も時々開花する。早咲き大輪系の品種の中では生育が旺盛で育てやすい。

◆'面白'（'Omoshiro'）

　花弁の裏が桃色で表が白色で、開ききると覆輪のように見える。花弁の表が白いので「おもしろ」→「面白」という名になった。開いていく過程の花弁の裏表の色の対比が美しい。花径10～12cmほどの大輪で、関東以西の平地では4月下旬から5月上旬に開花する。つるの伸長は1.5m程度。二番花以降の開花は少ない。

●遅咲き大輪系

　一般的なクレマチスのイメージに近い花を咲かせ、カザグルマ（C. patens）やクレマチス・ラヌギノーサ（C. lanuginosa）、クレマチス・ヴィチセラ（C. viticella）などを元に改良された系統。花色が豊富で大きな花を咲かせるが、全般には早咲き大輪系よりも花が小ぶりだが多花性の種類が多い。関東以西の平地では5月中旬～6月上旬頃に開花し、その後も剪定と施肥により繰り返し開花する種類が多い。新旧両枝咲きの性質。

クレマチス 'はやて' Clematis 'Hayate' バラとの混植

クレマチス 'アフロディーテ・エレガフミナ'
Clematis 'Aphrodite Elegafumina'

クレマチス ペパーミント Clematis 'Evipo' Peppermint

クレマチス 'ブルー・ベル' Clematis 'Blue Bell'

クレマチス ヴィエネッタ Clematis 'Evipo006' Vienetta

クレマチス '籠口' Clematis 'Rouguchi'

◆ 'ハグレー・ハイブリッド'（'Hagley Hybrid'）
　花径8cmほどの淡いピンクの花を多数咲かせる。つるの伸長は2m程度。関東以西の平地では5月下旬〜6月上旬頃に開花し、二番花以降も開花する。生育が旺盛で育てやすい。

◆ 'フルディーン'（'Huldine'）
　かすかに淡桃色を帯びた白色で、花径6cmほどの花が、次々と節々に開花する。つるは太く、無理な誘引をすると折れやすい。生育が旺盛で育てやすい。つるの伸長は3m程度。関東以西の平地では5月下旬〜6月上旬頃に開花し、二番花以降も開花する。

◆ 'ジャックマニー'（'Jackmanii'）
　花径8cmほどの青紫色の花が、株を覆うほど開花する。つるは太く、生育が旺盛で育てやすい。つるの伸長は3m程度。関東以西の平地では5月下旬〜6月上旬頃に開花し、二番花以降も開花する。本系統の代表的な品種で、ヨーロッパではしばしばバラと一緒に植栽される。

◆ 'プリンス・チャールズ'（'Prince Charles'）
　花径6cmほどのパステル調の淡い藤色の花を、多数咲かせる。生育が旺盛で育てやすい。つるの伸長は2.5m程度。関東以西の平地では5月下旬〜6月上旬頃に開花し、二番花以降も開花する。枝変わりに藤色を帯びた白色の 'ホワイト・プリンス・チャールズ'（'White Prince Charles'）がある。

● フロリダ系
　古くから栽培されるテッセン（C. florida var. sieboldiana）と白万重（C. florida var. flore-pleno）、「テッセンの先祖帰りによる一重の枝変わり個体」から改良されたと思われる種類から成る系統。四季咲き性が強く、温暖な地域では通年開花する傾向のある種類もある。近年急速に改良が進み、様々な種類が作られている。関東以西の平地では5月上旬〜6月中旬頃に開花し、その後も剪定と施肥により繰り返し開花する。新枝咲きもしくは新旧両枝咲きの性質。全般につるが細く、他系統に比べると立ち枯れ病や寒さに弱い種類もある。

◆ 'はやて'（'Hayate'）
　赤紫色の花弁に明るい花芯が映える。花径10cmほどの大輪で、節々から多数の花を咲かせ、剪定と追肥により二番花も楽しめる。本系統の中ではつるも太く、耐寒性も

クレマチス

クレマチス'チェリー・リップ' *Clematis* 'Cherry Lip'

クレマチス'グレイヴタイ・ビューティ' *Clematis* 'Gravetye Beauty'

クレマチス'プリンセス・ダイアナ' *Clematis* 'Princess Diana'
クレマチス'琴子' *Clematis* 'Kotoko'

クレマチス　プリンセス・ケイト　*Clematis* 'Zoprika' Princess Kate

強い。関東以西の平地では5月上旬より開花し、早咲きのつるバラとの組み合わせにも向く。

◆ペパーミント（'Evipo' Peppermint）

　緑を帯びた白い花弁に、花芯は緑から展開につれて乳白色に変化する。花径7cmほどで、節々から多数の花を咲かせ、剪定と追肥により断続的に開花する。つるはやや細く、立ち枯れ病には注意が必要。従来から栽培される白万重によく似ているが、本種のほうがやや花弁の幅が細くすっきりした印象。つるの伸長は1.5mほどで、関東以西の平地では5月上旬より開花し、早咲きのつるバラとの組み合わせにも向く。やや耐寒性が弱いので、寒冷地では防寒が必要。

◆ヴィエネッタ（'Evipo006' Vienetta）

　緑を帯びた白い花弁に、花芯は緑から展開につれて紫色に変化する。花径7cmほどで、節々から多数の花を咲かせ、剪定と追肥により断続的に開花する。つるはやや細く、立ち枯れ病には注意が必要。従来から栽培されるテッセンによく似ているが、本種のほうが花芯の弁化が進み重ねがよい。つるの伸長は1.5mほどで、関東以西の平地では5月上旬より開花し、早咲きのつるバラとの組み合わせにも向く。や や耐寒性が弱いので、寒冷地では防寒が必要。

●インティグリフォリア系

　株の大小や花型、花の向きのバリエーションが大きい系統。いずれもクレマチス・インティグリフォリア（*C. integrifolia*）の性質を受け継ぎ、絡まないもしくは絡みにくいので扱いやすいが、反面つるが長く伸びる系統はこまめに人為的な誘引もしくは囲み支柱などをしないと倒伏してしまう。関東以西の平地では5月上旬～6月下旬頃に開花し、その後も剪定と施肥により繰り返し開花する。新枝咲きもしくは新旧両枝咲きの性質。

◆'アフロディーテ・エレガフミナ'（'Aphrodite Elegafumina'）

　ビロード状の濃紫色で、花径8cmほどの花を上向きに多数咲かせる。花芯が黒いため、引き締まった印象がある。関東以西の平地では5月上旬より開花し、剪定と追肥により断続的に次々と開花する。生育が旺盛で育てやすい。つるの伸長は1.5m程度で、葉柄が絡みつかないので、ブッシュ・ローズにもたれかからせて咲かせるとよい。バラとのベスト・コンビネーションとなる園芸品種の1つ。

◆'ブルー・ベル'（'Blue Bell'）

クレマチス'ダーク・アイズ' *Clematis* 'Dark Eyes'

クレマチス'マリア・コーネリア' *Clematis* 'Maria Cornelia'

クレマチス'マダム・ジュリア・コレヴォン' *Clematis* 'Madame Julia Correvon'

クレマチス'ヴェノサ・ビオラケア' *Clematis* 'Venosa Violacea'

　草丈20cmほどと非常にコンパクトな園芸品種で、やや匍匐するような株姿。葉柄は絡まない。花径3cmほどの花は下向きに咲き、花弁はややねじれる。関東以西の平地では5月中旬より開花し、側枝を出しながら次々と開花する。通常のクレマチスとは異なり花壇やロック・ガーデンでも使用できる。ヴィチセラ系に同名異品種があるので要注意。

◆ '籠口'('Rouguchi')

　光沢のある濃青紫色のベル型の花で、花径4cmほど。インティグリフォリア系とヴィオルナ系の交配種のため葉柄が多少絡みつく。生育がとても旺盛で育てやすい。つるの伸長は2m程度。関東以西の平地では5月中旬から次々と開花し、結実しにくいこともあり、肥培状況がよければ何もしなくても秋まで連続的に開花し続ける。つるバラとのコンビネーションのよい園芸品種の1つ。

● テキセンシス系

　クレマチス・テキセンシス（*C. texensis*）などを元に改良した系統で、チューリップ型や壺型の小輪花を上向きから横向きに次々と咲かせる。主に赤、ピンク系の花を咲かせる。全体の特徴はヴィオルナ系と似ているが、テキセンシス系はつるの下方から上方へと節々に花が咲き上がりながら新梢が伸びていくため、開花の明確なピークがない。関東以西の平地では5月中旬～6月下旬頃に開花し、その後も剪定と施肥により繰り返し開花する。耐暑性が強く、他系統よりも立ち枯れ病に強い。新枝咲きの性質。

◆ 'チェリー・リップ'('Cherry Lip')

　ふっくらとした濃桃色の壺型の花で、弁端がクリーム色に染まる。花径2.5cmほどの愛らしい花が節々より咲く。同系統の中でも開花期が早く、関東以西の平地では5月中旬～6月下旬頃に次々と開花し、二番花以降もよく開花する。つるの伸長は2.5m程度。開花期がバラと重なりやすく、多くのつるバラと合わせやすい。

◆ 'グレイヴタイ・ビューティ'('Gravetye Beauty')

　濃赤色の花径5cmほどのチューリップ咲き。生育が旺盛で育てやすい。つるの伸長は2m程度。関東以西の平地では5月下旬～6月下旬頃に次々と開花し、二番花以降もよく開花する。本系統の代表的な品種1つ。やや遅咲きのバラと開花が合わせやすい。

◆ 'プリンセス・ダイアナ'('Princess Diana')

クレマチス

クレマチス'藤かほり' Clematis 'Fujikaori'

クレマチス'キングス・ドリーム' Clematis 'King's Dream'

クレマチス'天使の首飾り' Clematis 'Tenshi no Kubikazari'

桃色に濃桃色の筋が入る花径5cmほどのチューリップ咲き。生育が旺盛で育てやすい。つるの伸長は2.5m程度。関東以西の平地では5月下旬〜6月下旬頃に次々と開花し、二番花以降もよく開花する。本系統の代表的な園芸品種で、しばしばバラと一緒に植栽される。枝変わりに薄い桃色の琴子('Kotoko')がある。

◆プリンセス・ケイト（'Zoprika' Princess Kate）

内側は白色で外弁が桃色を帯びる色彩で、この系統では他に無い色合い。花径4.5cmほどのチューリップ咲きで、節々に次々と花を咲かせる。生育が旺盛で育てやすい。つるの伸長は2.5m程度。関東以西の平地では5月下旬〜6月下旬頃に次々と開花し、二番花以降もよく開花する。

●ヴィチセラ系

クレマチス・ヴィチセラ（C. viticella）などを元に改良した系統で、小輪の花を多数下向きから横向きに咲かせるものが多い。関東以西の平地では5月下旬〜6月下旬頃に開花し、その後も剪定と施肥により繰り返し開花する。性質が強く、他系統よりも立ち枯れ病に強い。新枝咲きもしくは新旧両枝咲きの性質。

◆'ダーク・アイズ'（'Dark Eyes'）

花径4cmほどで、濃紫色に黒の花芯の渋い色彩の花を多数咲かせる。同系統同色のブラック・プリンス（'Black Prince'）が下向きに花を咲かせるのに対し、本園芸品種は上向きから横向きに多数の花を咲かせるので、花が目立つ。つるの伸長は2m程度。関東以西の平地では5月下旬〜6月下旬頃に次々と開花し、二番以降もよく開花する。

◆'マリア・コーネリア'（'Maria Cornelia'）

透き通るような丸弁の白花で、花芯の黒がアクセントとなっている。花径4cmほどの花を上向きから横向きに多数咲かせる。つるの伸長は2.5m程度。関東以西の平地では5月下旬〜6月下旬頃に次々と開花し、二番花以降もよく開花する。

◆'マダム・ジュリア・コレヴォン'（'Madame Julia Correvon'）

花径5cmほどの濃赤色の4〜6弁花で、明るい花芯がよく目立つ。上向きから横向きに多数の花を咲かせる。生育が旺盛で育てやすい。つるの伸長は2.5m程度。関東以西の平地では5月下旬〜6月下旬頃に次々と開花し、二番

花以降もよく開花する。

◆'ヴェノサ・ビオラケア'（'Venosa Violacea'）

濃紫色に花弁の中心は白くかすり状に色が抜ける。花径8cmほどの花を上向きから横向きに多数咲かせる。生育が旺盛で育てやすい。つるの伸長は2.5m程度。同系統の他の品種よりも早咲きで、関東以西の平地では5月中旬から咲き始め、次々と開花し、二番花以降もよく開花する。

●ヴィオルナ系

クレマチス・ヴィオルナ（C. viorna）やクレマチス・クリスパ（C. crispa）、クレマチス・アディソニー（C. addisonii）などを元に改良した系統で、壺型やベル型の小輪花を横向きから下向きに次々と咲かせる。全体の特徴はテキセンシス系と似ているが、ヴィオルナ系はつるの先端に花を咲かせ、その後は分枝を繰り返しながら次々と咲き続け、咲き進むにつれて開花のピークを迎える。関東以西の平地では4月下旬〜6月下旬頃に開花し、その後も剪定と施肥により繰り返し開花する。特にクレマチス・アディソニーの影響の強い系統は、つるの伸びが穏やかで早くから開花するため、大変に重宝される。耐暑性が強く、他系統よりも立ち枯れ病に強い。新枝咲きの性質。

◆'藤かほり'（'Fujikaori'）

艶やかなグレーがかった濃紫色で、赤黒い茎と花色がよくマッチングする。花径2cmほどの小さな壺型の花は、4月中旬より開花し、分枝を繰り返しながら夏頃まで開花する。株立ち状に生育し、つるの伸長は1m程度と短いため、ブッシュ・ローズと合わせるのに重宝する。

◆'キングス・ドリーム'（'King's Dream'）

花弁の外側が紫色で内側が白色。絶妙な色彩のグラデーションが美しい。花径2.5cmほどの壺型の花で、生育が旺盛で育てやすい。つるの伸長は2m程度。関東以西の平地では6月上旬〜7月中旬頃に次々と開花し、二番花以降もよく開花する。結実しやすいので、こまめに花がらを切るとよい。

◆'天使の首飾り'（'Tenshi no Kubikazari'）

ふっくらとした濃桃色の壺型の花で、花弁の内側も外側も同じ色。このタイプの花型としては大きめで花径3.5cmほど。同系統の中でも特に開花期が早く、関東以西の平地では4月下旬から開花が始まり、花がら切りと施肥をしっかりと行うと、秋まで連続的に開花する。クレマチス・アディソニー（C. addisonii）の特性を引き継ぎ、つるの伸長は1.2m程度とおとなしいため、ブッシュ・ローズと合わせるのに重宝し、バラとのベスト・コンビネーションとなる園芸品種の1つ。

【クレマチスの栽培のポイント】

地植え、関東以西の平地標準の早咲き大輪系、遅咲き大輪系、ヴィチセラ系、テキセンシス系、ヴィオルナ系、インティグリフォリア系、フロリダ系を基準とする

苗の種類

クレマチスは主に挿し芽によって増殖し、販売される苗には養生した年数による次の3種類と開花鉢がある。クレマチスはつる植物であることから、生育期はつる同士が絡みやすく店頭での管理がしにくいため、休眠期に向かう秋から早春にかけて流通することが多い。開花鉢は促成開花させた早春から、自然開花する初夏にかけて流通する。

一年生苗（流通時期：10〜4月）

当年もしくは前年に挿し芽をしてポット上げ養生した若苗で、価格が安く種類も豊富だが、開花までに数年かかることがある。また、そのまま地植えにした場合は、順調に生育しないこともある。

二年生苗（流通時期：10〜4月）

一年生苗をさらに養生したもので、そのまま地植えにもできる。価格は一年生の苗より高いが、多くの苗が翌春に開花する。

三年生苗（流通時期：10〜4月）

二年生苗をさらに養生したもので、即戦力になる苗。価格は二年生の苗より高いが、十分な開花が見込まれる。

開花鉢（流通時期：3〜6月）

主に行灯仕立てにして流通する。出回る種類数は少なく、価格は高め。三年生苗と同様に即戦力になる。

植え付け

植え付け場所

　基本的にクレマチスは日光を好むので、少なくとも半日程度の日照は必要となる。特にテキセンシス系やヴィオルナ系は日照を好む傾向がある。一方、主に早咲き大輪系の品種などカザグルマの性質を強く残す品種は、夏の暑さを苦手とするので強い西日が避けられる場所の方が順調に生育する。日照が不足すると徒長し、病害などが発生しやすくなるが、株元は他の植物などに覆われて地温が上がりにくい方が順調に生育する。

　土壌は排水がよく、肥沃な土壌を好む。排水の悪い場所では立ち枯れ病が発生しやすくなる。いずれの場合も、事前に土壌改良をする必要がある。

植え付け方法

　深さ直径共に40～50cmほどの穴を掘り、土に用土の30%程度堆肥を混ぜ込む。穴の底に発酵油粕150g程度を入れて、土を戻してよくかき混ぜ、根鉢の大きさに応じて土を戻し植え付ける。クレマチスの苗は通常1節は地中に埋まるようにポットに植え付けられているが、地植えの際もさらに1～2節地中に埋まるようにすると、枝数は増し花数が増え、立ち枯れ病が発生しても完全に枯死しにくくなる。

　クレマチス同士の株と株の間隔は、種類にもよるが概ね30cm程度は確保するほうがお互いに干渉しないですむ。バラとクレマチスを混植する場合は40～50cmとさらに離すとよい。

施肥

　クレマチスは基本的に肥沃な土地を好み、肥料が不足すると花数が少なくなり、また花も小さくなり、繰り返し開花する種類でも、二番花以降の花が咲かなくなる。基本的にはやや肥料が多いほうが順調に生育するが、極端な多肥は病害を誘発する。肥料は冬季の寒肥と花後のお礼肥を中心とし、必要に応じて追肥を行う。寒肥は株当たり発酵油粕150g程度を、お礼肥はその半量を目安に与える。

冬の剪定と誘引

　クレマチスはつる性植物のため、通常は支えとなる支持体が必要となる（木立性のインティグリフォリア系を除く）。つるの伸びに任せて人為的に剪定や誘引を行わなくても花は咲くが、美しい姿で咲かせるために、通常冬の休眠期に剪定と誘引を行う。

　クレマチスの剪定は生育特性によって旧枝咲き、新枝咲き、新旧両枝咲きの3つのタイプに分けられ、以下のようになる。

旧枝咲き

　主に早咲き大輪系の品種にみられ、前年に伸びたつるが冬季にほとんど枯れることなく生き残り、生育期になると前年枝より数節新芽を伸ばして花を咲かせる。

　このタイプは冬季に枯れたつると、枯れた葉を葉柄ごと切り、再度バランスよく枝を配置し、麻紐などで止める。このタイプは春に伸びるつるの長さが短いので、概ね枝を配った位置に近い場所で開花することを念頭に誘引作業を行うとよい。つるが長過ぎる場合は、株元でとぐろを巻くようにし、つるの先端の位置を調整する。

新枝咲き

　主にヴィチセラ系、テキセンシス系、ヴィオルナ系、インティグリフォリア系にみられ、前年に伸びたつるはほとんど地際まで枯死し、生育期になると株元より勢いよく新芽を伸ばし何節も伸ばしてから花を咲かせる。

　このタイプは地際で枯れたつるをバッサリと切る。切る時期は完全につるが枯れるのを待ってから行うのが理想的。

新旧両枝咲き

　主に遅咲き大輪系、ヴィチセラ系、インティグリフォリア系、フロリダ系にみられ、前年に伸びたつるは大きく枯れ込むものの、地際に近い数十cmは生き残り、生育期になると残ったつると株元より勢いよく新芽を伸ばし何節も伸ばしてから花を咲かせる。冬季に生き残る長さは種類によって異なり、年数の経過と共に過去の古いつるが合わさって長くなる。

　このタイプは枯れた部分のつるを切り、残したつるを配置するが、春以降に伸びる長さが長いので、十分に上部のスペースを確保したい。年数の経過と共に過去の古いつるが合わさって長くなった場合は、バッサリと株元まで切るか、株元でとぐろを巻くようにし、つるの先端の位置を調整する。

生育期の剪定と誘引

生育期に入ると、新枝咲きと新旧両枝咲きは勢いよく新芽が伸び始めるので、それらがバランスよく配置できるように1週間に1〜2回程度新芽の方向を調整するように紐などで軽く固定する（柔らかい新芽を強く結束すると痛むことがあるので注意する）。作業が遅れて鳥の巣状態になってしまった場合は、無理せずに花後の剪定の時にほどいて調整する。旧枝咲きはさほど長く伸びずに花芽を付けるので、生育期に入ってからは特に誘引を必要としないことが多い。

旧枝咲きは一輪咲きのことがほとんどで、花が終わった時点で花首を切り落とす。後に新芽が伸びだし二番花が咲くことがあるが、種類によって開花の度合いは異なり、'麻生'や'満州黄'のようにほとんど咲かないものもある。また二番花以降の花は高温期になるため、肥培管理が十分であっても一番花よりも花が小さく色の冴えも悪くなる傾向がある。

新枝咲きと新旧両枝咲きは、一度咲き始めるとしばらく開花が続くものが多い。結実しやすいものは、花がらを残すとその後の花の開花に影響を与えるので、咲き終わる毎に一輪ずつ花首で切り取るのが望ましい。いずれも開花がある程度終了したら、開花跡のない節まで剪定すると、新芽が伸びだして二番花が開花するが、旧枝咲きと同様に一番花よりも小さく色の冴えも悪くなる。なお、剪定は株元付近まで強く行うことも可能で、その場合はコンパクトに収めることが可能だが、生育期に葉を多く失うため光合成の能力が落ち、十分な肥培管理ができていない場合は新芽が勢いを失い花数が減少することもある。また一部のヴィオルナ系などは、十分な肥培管理ができていれば、花がらを切り続けるだけで秋まで開花させることもできる。

病害虫防除

クレマチスには各種の病害虫が発生することがあるが、バラなどと一緒に栽培し定期的な薬剤散布をしている場合は、立ち枯れ病以外はほとんど問題になることがない。また発生時期が限られているものもあるので、早期発見・早期対処により被害を最小限に抑えることが大切である。主な病害虫には次のようなものがある。

ウドンコ病

主に春と秋に発生し、新芽や枝が白く粉を吹いたようになる。通気が悪く、徒長した株などで発生しやすく、特にテキセンシス系やウィオルナ系は発生しやすい。発生したら薬剤で防除するが、なるべく初期に行うことが大切である。

さび病

葉に黄色の斑点が表れ、やがて葉が萎縮し枯れる。軟弱に生育した株などで発生しやすい。発生したら薬剤で防除するが、なるべく初期に行うことが大切である。

立ち枯れ病

順調に生育していた株が、突如枝や葉が萎れ、やがて褐変して枯死する。主に初夏から夏にかけて発生しやすい。発生して地上部が枯死しても、地下から再度芽吹き再生することもあるが、一度発生した株はまた再発することも多い。特に大輪早咲き系やフロリダ系で発生しやすい。枯れた枝は切り取り、様子を見る。株と周囲に薬剤を灌注し対応するが、防除の難しい病気である。

アブラムシ類

主に春と秋に発生し、新芽や若葉を中心に付着して樹液を吸う。二次被害でスス病が発生することがある。発生したら薬剤で防除するが、なるべく初期に行うことが大切である。

ハダニ類

主に高温期に発生し、葉がかすれたような状態になり、酷くなるとクモの巣状に糸を張り、著しく生育が悪化する。雨の当たりにくい環境でより発生しやすい。葉水や薬剤散布で防除する。

ナメクジ

新芽や花を食害する。捕殺もしくはナメクジ誘殺剤で防除する。

各種食害系の害虫

ヨトウムシやハマキムシなどが発生するが、捕殺もしくは薬剤散布を行う。

◆ アサガオ

アサガオ（*Ipomoea nil*）【ヒルガオ科】

● 行灯仕立て　青葉系

アサガオ'浅黄空' *Ipomoea nil* 'Asagisora'

アサガオ'万代紫泉' *Ipomoea nil* 'Bandai Shisen'

アサガオ'霞紅' *Ipomoea nil* 'Kasumibeni'

アサガオ'清白水' *Ipomoea nil* 'Seihakusui'

アサガオ'信濃路' *Ipomoea nil* 'Shinanoji'

【異名】*Pharbitis nil*
【英名】Japanese morning glory
【原産地】不明だが、世界の熱帯・亜熱帯に広く分布している。近年の研究では、その起源は熱帯アメリカであることが示唆され、広い大洋を超え、世界の熱帯・亜熱帯の地域に拡散したとされる。
【来歴】日本へは、奈良時代に中国から渡来し、薬草として用いられたといわれる。木原均が1938（昭和13）年に北京郊外の天壇公園で採取したものが、近来のDNA分析によって、現在日本で作られているアサガオに最も近い種であることがわかった。この系統は北京天壇と呼ばれ、早咲きで、花は薄い青色で筒白の小輪である。

アサガオは昔からキク、ハナショウブ、サクラソウなどとともに庶民の間で栽培されてきた。特に江戸時代になって、青色以外に白、紫、紅色など色変わりが見つかり観賞用の栽培が広まった。また咲き方や葉や茎の変化した変わりものが選び出され、現在に受け継がれる変化アサガオが生まれた。

【タイプ】巻きつき茎
【最低温度】5℃
【日照条件】明るい戸外
【利用】鉢植え
【特徴】
　江戸時代には変化アサガオも含め、径5～6cmの小輪であったが、明治時代になって州浜といわれる花片数（花曜数）が6枚以上に増える遺伝子をもつ変異種が旧筑前

● らせん仕立て　青葉系

アサガオ '万博の輝' Ipomoea nil 'Banpaku no Kagayaki'

アサガオ '薫風三夏' Ipomoea nil 'Kunpu Sanka'

アサガオ '松1210' Ipomoea nil 'Matu 1210'

アサガオ '修石' Ipomoea nil 'Shuseki'

アサガオ '住吉の衣' Ipomoea nil 'Sumiyoshi no Koromo'

藩主の黒田家から大阪の秋草園に分譲され、そこから州浜葉タイプのアサガオが広がり、大阪の浪花牽牛会が中心となって、大輪化が始まった。州浜とは曲線を描いて洲が出入りしている浜の意味で、中央の葉片が短くなり、全体に丸みをおびた葉形となる。さらに曜（花の中心部から周辺へ出ている白色の部分）や葉の中央裂片を伸ばす変異をもつ蜻蛉葉、肌脱ぎ変異（葉片が葉柄と接する所で欠けて、葉脈が露出して肌を脱いだような形になるもの）を合体した蝉葉（葉形が蝉に似る）へと変貌していき、現代のアサガオ園芸界の主流を占める大輪アサガオの園芸グループが確立した。明治30年頃には、行灯仕立てで径18cmの大輪花を展示するまでになった。

　アサガオは古来、風媒花、虫媒花と思われていたが、実際は自家受粉花であり、受粉が行われるのは午後10時頃から、翌朝の午前1時頃までの間であることがわかった。まず夕方までに先に雌蕊が伸びだし、後から雄蕊がこれを追って、夜遅く柱頭に花粉を着ける。花は午前2時頃からほころび始め、午前4時頃までに開き終わる。昆虫の飛来するのは午前4時以降だから、雄蕊、雌蕊が健全な働きをするなら、開花後訪花昆虫が訪花しても交雑の心配はない。よって自家受粉の行なわれる時間帯に人工交配を行えば交雑の心配はない。この仕組みを学んだ尾崎哲之助（脚注）が先頭をきってアサガオの育種活動に乗りだし、戦争による中断をはさんで、戦後になって変わった色彩の'月宮殿'（黄）、'烏羽玉'（黒）など、各種の吹掛け絞りを作出した。現在までには育種家たちが数々の美しい色や柄の新花を

注：尾崎哲之助 1883-？愛媛県生まれ。大輪アサガオ、サクラソウの研究家、育種家として有名。東京朝顔園経営、第1回園芸文化賞受賞

● 切込み仕立て　黄葉系

アサガオ'朝霧' *Ipomoea nil* 'Asagiri'

アサガオ'阿由知' *Ipomoea nil* 'Ayuchi'

アサガオ'紅乙女' *Ipomoea nil* 'Beni Otome'

アサガオ'団十郎' *Ipomoea nil* 'Danjyuuro'

アサガオ'新戸部の誉' *Ipomoea nil* 'Shintobe no Homare'

アサガオ'月夜野' *Ipomoea nil* 'Tsukiyono'

発表し、各地の展示会を賑わせている。一方、大輪アサガオの課題である花弁のサイズについても、径24cmを超える巨大輪もつくられている。

【主な系統】

現在、大輪アサガオとして栽培されているものは、ほとんど蟬葉系と呼ばれる葉形のもので、蟬が飛んでいる姿に似ており、しかも花弁の曜の数が通常のアサガオでは5曜であるのに対して6～10曜にと大きく変化している。次の3種類に分けられている。略称は全国の展示会関係者間で便宜的に使用している。

1 青斑入り蟬葉（略称アセフ）

濃い緑色に白斑の入った蟬葉で、主に行灯、らせんのつるづくりに使われる。その中で色彩や模様の優れたものは切込み仕立てに使われることもある。

2 黄蟬葉（略称キセ）

白斑のない黄緑色の蟬葉で切込み仕立てなどに使われる。

3 黄斑入蟬葉（略称キフセ）

白斑の入った黄緑色の蟬葉で切込み仕立てなどに使われる。

黄蟬葉系、黄斑入蟬葉系は花色、花模様に優れているが、青蟬葉より弱性で節間がつまり、切込み仕立てに適するが花径はやや小さい。

【変化アサガオについて】

采咲

獅子咲

車咲

台咲

木立丸咲

枝垂れ咲

帯化（石化）

　本書の別稿（12頁）では、フジとアサガオそれぞれの園芸文化史について解説したが、アサガオについてはその園芸化の発展過程を、変化アサガオを軸として詳述した。よって本稿では簡略にとどめて解説する。

　変化アサガオは前述のように江戸時代に流行し、現代に連綿として受け継がれているが、種子ができるものとできないものの2つのタイプがある。種子ができないものは種子ができる姉妹がいて、それから種子をとると変わりものが出る可能性がある。色々と煩雑な処理があり、普及度はやや低いが、「これがアサガオか！」と驚くような変わった花や葉のアサガオを目の前にしたときの喜びはひとしおだ。

　変化アサガオの花容による園芸分類として獅子咲系、采咲系、台咲・車咲、正木系の4つのグループがある。栽培は原則として大輪アサガオと同じ方式でよい。種子の採り方などはここでは紙面の都合上詳細な説明は省略し、本書のテーマに沿いつる（茎）の変化したものについて紹介する。

　大輪アサガオを中心とした通常のアサガオは茎がつる状に巻いて伸びるが、変化アサガオ系には次のような異なるタイプがある。

　木立丸咲……茎がつる状に巻かずに、這いながらまっすぐに伸びるので「つるなし」と呼ぶこともある。「二葉朝顔（ちゃぼ朝顔）」の名で伊藤伊兵衛の『花壇地錦抄』（1695、元禄8年）に図が出ている。とんぼ葉木立丸咲、笹葉木立笹切れ咲などの名で登場する。

　枝垂れ咲……巻き性を失って茎が垂れるもの。遺伝子の突然変異体で、枝垂れ天津、枝垂れ牡丹、枝垂れ桔梗、枝垂れ柳などの名で出ている。

　帯化……石化とも呼ばれ、江戸時代の文献にも出ている。普通のアサガオは親づるが伸びるにつれ、基部から子づるが伸びるが、帯化では枝分かれがなく、茎は帯状となる。平軸とも呼ばれ、花は帯化軸の頂部でいっせいに咲く。

　以上、本稿では大輪系アサガオを中心に、変化アサガオについても若干触れたが、他のアサガオの仲間については108頁を参照してほしい。

【アサガオの栽培のポイント】

培養土

通気性、通水性、保水性、保肥性のある培養土を準備する。
腐熟土（充分に発酵させ、消毒されたもの）30%
粘土質の土、又は中粒主体の赤玉土　60%
荒目の川砂 とモミ殻燻炭　10%
　上記配合割合は大鉢の段階で、小鉢（苗）の段階では腐熟土と赤玉土のみを混合したものでもよい。

肥料

　IB化成など複合化成肥料や固形乾燥油粕などを大鉢段階の元肥えとして使用。また熔性リン肥も少量加えるとよい。
　追肥としてはハイポネックス等の液肥（1000倍液）を小鉢段階から定期的に施す。

播種

　アサガオの種子は土中温度が20℃以上にならないと発芽しないので、首都圏地区では5月20日前後が最適。発芽を促進するため、図4のように目切りして播く（図5・6）。播種用土は赤玉土（小粒）とバーミキュライトの等量混同用土が適している。充分に灌水し、気温低下を避けるため、夜間は室内に取り込む。

小鉢への鉢上げ

　3～4日で発芽するので、双葉（子葉）が開いたか開く直前に、小鉢（外径10～12cm）に鉢上げする。容姿の美しい大輪アサガオができるか否かは、小鉢栽培時の管理の良否にかかっている。とくに抑制栽培といって水分を減らし、根張りのよいずんぐりした苗をつくることがポイントである。ハイポネックスなどの薄い液肥を数回与えるとよい。

本鉢への定植

　小鉢に鉢上げ後20～25日くらいたつと、本葉が5～6枚くらいになる。図7, 8, 9のように青斑入り蝉葉は行灯及びラセン仕立てとして7号鉢（外径21cm）に、黄蝉葉や黄斑入り蝉葉は切込み（盆養）仕立てとして5号鉢（外径15cm）または5.5号鉢（外径17cm）に植える。

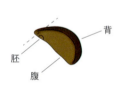

点線の所を小刀の刃またはヤスリで軽く切りおとす

図4. 種子の目切り

図5. 種子の播き方

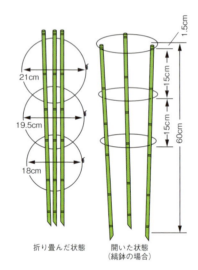

図7. 行灯支柱

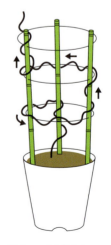

図8. つるの巻き方

図6. 播き箱（4号鉢に5粒ずつ播いてもよい）

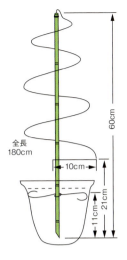

図9. らせん支柱

行灯、らせん仕立て

図10参照。親づる仕立ては親づるをそのまま伸ばして育てる。子づる仕立ては親づるが10枚位になったころ本葉6枚を残して頂芽を摘芯し、3・4・5枚目の脇芽からその後の勢いを見て、最終的に1本の子づるを選択して育てる。一般に子づる仕立ての方が大輪に咲かせやすいといわれる。

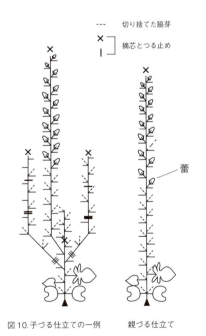

図10. 子づる仕立ての一例　　親づる仕立て

切込み（盆養）仕立て

図11参照。輪径は小さいが、容姿と花の美しさが評価される。第1回摘芯で2本の子づるを、第2回摘芯で3本の孫づるを残し、着蕾状況をみて孫づるの芯止めをする。これら選択作業は経験によるが、鉢の上で花を咲かせることがポイントで、展示会などでは鉢こぼれ（花が鉢の外に出ること）は減点となるので、育生段階で矮化剤のビーナインを施し、伸長を抑制することもできる。

図11.

初期芯止め

第1回摘芯

第2回摘芯

孫づるの芯止（蕾ぎめ）

なお7月下旬から8月上旬にかけて開催される東京朝顔研究会（日比谷公園）、東京あさがお会（靖国神社）、横浜朝顔会（横浜三渓園）で開催されるアサガオ展示会では行灯、らせん仕立てで花径20～22cm、切込み（盆養）仕立てで花径15～17cmの見事な花がお目見えする。

世界のつる植物

ウマノスズクサ（アリストロキア）属 *(Aristolochia)* 【ウマノスズクサ科】パイプカズラの仲間①

アリストロキア・カウリフロラ　*Aristolochia cauliflora*　右は葉

アリストロキア・キンビフェラ　*Aristolochia cymbifera*

ウマノスズクサ　*Aristolochia debilis*

【英名】birthwort, pipevine, Dutchman's pipe
【分布】世界の熱帯〜温帯に約400種が分布
【タイプ】巻きつき茎
【最低温度】−5〜10℃
【日照条件】明るい室内または戸外
【利用】鉢物、大型種は温室に地植え
【特徴】多くはつる性木本または多年草で、まれに直立する。花は単生または数花が集まる。花被は合着した筒状で花筒となり、先は広がって舷部となる。花筒内部には毛が生じる。花は腐敗臭を放ち、形や色が特異。ジャコウアゲハなどの食草。花期は主に夏。
【主な種類】
◆アリストロキア・カウリフロラ（*A. cauliflora*）　ペルー原産。茎は長さ5m以上。やや肉質の葉は卵状楕円形で、表面は緑色。脈に沿って黄白色の模様が入る。花は古い茎の基部に数個つき、花被基部が球状に膨れ、先は漏斗状に広がる。花色は黄褐色で、濃紫色の網目模様がある。
◆アリストロキア・キンビフェラ（*A. cymbifera*）　異名：*A. labiosa* ブラジル原産。茎の長さは7m以上。葉は円腎形。花は単生し、幅18cmほど、花筒は袋状となり、先は2裂し、下唇は嘴状。花は黄白色に褐色の網目模様が入る。
◆ウマノスズクサ（*A. debilis*）　日本（関東以西）、中国原産。茎は長さ2〜3m。葉は三角状狭卵形。花は単生または2個つく。舷部の上部は舌状に広がる。
◆アリストロキア・ギガンテア（*A. gigantea*）　英名：ブラジル原産。茎の長さは7m以上。葉は幅広い卵円状心臓形。花は単生する。花筒は円筒形で淡緑黄色。舷部は大きく広がり、長さ23cm、幅19cmほど、赤褐色地に白色の網目模様が入る。
◆アリストロキア・グランディフロラ（*A. grandiflora*）　異名：*A. gigas*　英名：pelican flower　中央アメリカ、カリブ海諸国

ウマノスズクサ (アリストロキア) 属 (Aristolochia)【ウマノスズクサ科】パイプカズラの仲間②

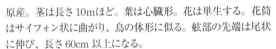

アリストロキア・グランディフロラ　*Aristolochia grandiflora*　左下は花筒内部

アリストロキア・ギガンテア　*Aristolochia gigantea*

アリストロキア・ラビアタ　*Aristolochia labiata*

原産。茎は長さ10mほど。葉は心臓形。花は単生する。花筒はサイフォン状に曲がり、鳥の体形に似る。舷部の先端は尾状に伸び、長さ60cm以上になる。

◆アリストロキア・ラビアタ（*A. labiata*）　異名：*A. brasiliensis*　英名：rooster flower　南アメリカ原産。茎は長さ10mほど。葉は心臓形〜腎臓形。花は大きく径20〜25cmほどで単生し、黄褐色地に濃紫色の網間模様が入る。花筒は太い円筒形で、舷部は2唇となり、上唇は大きく鶏冠状に広がる。

◆アリストロキア・リットラリス（*A. littoralis*）　異名：*A. elegans*　和名：パイプカズラ　英名：calico flower　南アメリカ原産。茎は長さ4mほど。葉は心臓形。花は単生する。舷部開口部には赤紫色の更紗状模様が入り、中央部はビロード状の黒紫色。

◆アリストロキア・オドラティッシマ（*A. odoratissima*）　英名：fragrant dutchman's pipe　中央・南アメリカ原産。茎は長

さ5mほど。葉は狭卵形。花は単生する。舷部は卵状に広がり、長さ5〜10cm。

◆アリストロキア・パッシフロリフォリア（*A. passiflorifolia*）　バハマ、キューバ原産。茎は長さ5mほど。葉は広〜狭三角形で、長さ4〜10cm。花は単生部はヘラ状に広がり、縁に糸状突起がある。

◆アリストロキア・ペルビアナ（*A. peruviana*）　南アメリカ原産。茎は長さ3mほど。葉は心臓形。花は数個が集まってつく。舷部は漏斗状に広がり、長さ5〜6cm、内部は鮮黄色で、周囲には褐色斑点が入る。

◆アリストロキア・リンゲンス（*A. ringens*）　西インド諸島、南アメリカ原産。茎は長さ10mほど。葉は広円形〜腎臓形。花は単生し、幅16〜20cmほど、舷部の先は2裂し、下唇は嘴状。花は黄白色に褐色の網目模様が入る。

◆アリストロキア・トンドゥジ（*A. tonduzii*）　異名：*A. chapma-*

ウマノスズクサ（アリストロキア）属 (*Aristolochia*) 【ウマノスズクサ科】パイプカズラの仲間③

アリストロキア・リットラリス　*Aristolochia littoralis*

アリストロキア・オドラティッシマ　*Aristolochia odoratissima*

アリストロキア・パッシフロリフォリア　*Aristolochia passiflorifolia*

アリストロキア・ペルビアナ　*Aristolochia peruviana*

niana）中央アメリカ、南アメリカ北部原産。茎は長さ3mほど。葉は長楕円状へら形。花は単生し、濃紫茶色でアーチ状に伸び、舷部は長さ約8cm。

◆アリストロキア・トリロバタ（*A. trilobata*）　中央アメリカ東部、西インド諸島原産。茎は長さ5mほど。葉は3深裂する。花は単生する。舷部の先には長さ15cm以上に伸びる尾状突起がある。

◆アリストロキア・ウエストランディー（*A. westlandii*）　中国の広東省、広西チワン族自治区（旧広西省）原産。地下に肥大する根茎がある。若い茎葉には黄褐色の毛を密生する。茎は長さ3mほど。葉は長楕円形で、長さ15cmほど。花は単生し、黄褐色の短毛を密生する。舷部は広卵形で、径10〜15cmほど。根茎は中国では生薬として利用され、利尿、鎮痛剤とされる。

◆アリストロキア 'キューエンシス'（*Aristolochia* 'Kewensis'）
アリストロキア・ラビアタ（*A. labiata*）とアリストロキア・トリロバタ（*A. trilobata*）との交雑により、イギリスの王立キュー植物園で1911年に作出された。形質は両親の中間の特性を示す。葉は三角状心臓形。花は単生する。舷部の先は2裂し、上唇は尾状に伸びる。

【栽培のポイント】
日のよく当たる温室内または戸外で管理する。アリストロキア・リットラリス、アリストロキア・ウエストランディーは、暖地であれば戸外の地植えで栽培できる。栽培適温は15〜25℃。つる性のものは格子状の支柱やフェンスなどに絡ませる。大きな鉢やコンテナで栽培し、行灯仕立てにすることもできる。成長期の5〜9月には、水はたっぷりと与え、秋以降は控える。高温期を中心に開花するので、秋以降に強剪定をして、水を控え、保温をして管理する。繁殖はさし木または種子による。アリストロキア・リットラリスはよく結実する。

ウマノスズクサ（アリストロキア）属 (*Aristolochia*)【ウマノスズクサ科】パイプカズラの仲間④

アリストロキア・リンゲンス　*Aristolochia ringens*

アリストロキア・トンドゥジ　*Aristolochia tonduzii*

アリストロキア・トリロバタ　*Aristolochia trilobata*

アリストロキア・ウエストランディー　*Aristolochia westlandii*

アリストロキア ' キューエンシス '　*Aristolochia* 'Kewensis'

ボマレア・ムルティフロラ (*Bomarea multiflora*)【ユリズイセン科】

ボマレア・ムルティフロラ　*Bomarea multiflora*

【異名】*B. caldasii*
【原産地】南アメリカ北部
【タイプ】巻きつき茎
【最低温度】休眠期5℃
【日照条件】半日陰の温室内
【利用】温室内に地植えされることが多い
【特徴】地下に塊茎を持つ多年草。茎は長さ5〜6m。葉は長楕円形で、長さ20cmほど。花は5〜10数個が散形花序につき、長さ5cmほど。外花被は短く、桃褐色で、内側に暗褐色の斑点が入る。内花被は長く、黄橙色を帯びる。
【栽培のポイント】
春に塊茎を植え付け、半日陰の温室内で管理する。冬期は塊茎のみを残して地上部を切り戻し、暖かい室内で管理する。5〜9月の成長期には、水はたっぷりと与え、秋以降は控える。

グロリオサ (*Gloriosa superba*)【イヌサフラン科】

グロリオサ'ルテア'　*Gloriosa superba* 'Lutea'

グロリオサ'ローズ・クイーン'　*Gloriosa superba* 'Rose Queen'

グロリオサ'ロスチャイルディアナ'　*Gloriosa superba* 'Rothschildiana'

【異名】*G. rothschildiana*, *G. simplex*
【英名】climbing lily, creeping lily, flame lily, glory lily, gloriosa lily
【原産地】熱帯アフリカ、熱帯アジア
【タイプ】巻きひげ
【最低温度】休眠期3〜5℃

【日照条件】明るい温室または戸外
【利用】鉢物、切り花
【特徴】地下に円筒状の塊茎を持つ球根植物。茎は細く、半つる性。葉の先端が巻きひげ（左下写真）となる。縁が波打った花被片は上に反り返る。雌しべの花柱は長く伸び、鋭角に曲がり、横に突き出る。花期は夏。
【主な園芸品種】'ルテア'（'Lutea'）、'ローズ・クイーン'（'Rose Queen'）、'ロスチャイルディアナ'（'Rothschildiana'）などが知られる。
【栽培のポイント】
春植え球根植物として扱う。春に排水性のよい有機質に富む培養土で塊茎を植え付け、温室内または戸外で管理する。5〜9月の成長期には、水はたっぷりと与え、秋以降は控える。秋に地上部が枯れたら球茎を掘り上げて、日陰で数日乾燥させ、おがくずなどとともにポリ袋に入れて保存する。

ラパジュリア (Lapageria rosea) 【フィレシア科】

ラパジュリア 'アルビフロラ'　*Lapageria rosea* 'Albiflora'

【和名】ツバキカズラ
【英名】Chilean bellflower
【原産地】チリ南部（1属1種の単型属）
【タイプ】巻きつき茎
【最低温度】5℃前後　【日照条件】明るい室内
【利用】冷涼な温室内で地植えまたは鉢植え
【特徴】チリの国花。茎は長さ3〜5m。葉は互生し、卵形で先がとがる。葉腋に1〜2個の花をつける。花は鐘状で長さ10cmほど。花色は淡紅色〜深紅色で、小さな白色の斑点がある。
【主な園芸品種】花が白色の'アルビフロラ'（'Albiflora'）が知られる。
【栽培のポイント】
冷涼な気候を好むので、夏期はできるだけ風通しのよい日陰で管理する。繁殖は播種またはさし木による。

ラパジュリア　*Lapageria rosea*

蒼角殿 (Bowiea volubilis) 【キジカクシ（クサスギカズラ）科】

【英名】climbing onion, sea onion, climbing potato, Zulu potato
【原産地】南アフリカ　【タイプ】巻きつき茎
【最低温度】0〜5℃
【日照条件】成長期はやや明るい戸外
【利用】鉢物
【特徴】大きな扁球形の鱗茎は緑色を帯び、径10〜15cmで、頂部からつる性の茎を伸ばす。茎は長さ3mほど。葉は退化して鱗片状となる。花茎もつる性で、径1cmほどの多数の花をつける。花色は緑白色。花期は春。
【栽培のポイント】
秋植え球根として扱い、夏期には水を切り、秋に球根を植え付ける。冬期は室内で管理すると、2〜3月に萌芽するので、支柱を添える。

蒼角殿　*Bowiea volubilis*　右上は鱗茎

CHAPTER 2　59

ポリゴナツム・キンギアナム（*Polygonatum kingianum*）【キジカクシ（クサスギカズラ）科】

【異名】*P. cavaleriei*
【原産地】中国南西部（雲南省、四川省、貴州省）、ミャンマー、タイ、ベトナム
【タイプ】巻きひげ
【最低温度】5℃
【日照条件】明るい温室内
【利用】鉢物、大型温室内に地植え
【特徴】地下に根茎を持つ多年草。茎は高さ1～3mに伸びる。線形～披針形の葉は3～10個が輪生し、先端は鉤状となり、他物につかまる。花は長さ2～3cmで、葉腋から1～数個が下垂する。花冠筒部は赤色で、先は黄色を帯びる。花期は早春。
【栽培のポイント】
大型鉢に根茎を植え付け、明るい室内で管理する。茎が倒れないように支柱を添える。一度植え付けたら、数年間はそのままで管理する。数年すると根茎が横走して株が移動するので、秋に植え替えを行う。

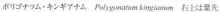
ポリゴナツム・キンギアナム　*Polygonatum kingianum*　右上は葉先

クレマチス・スミラキフォリア（*Clematis smilacifolia*）【キンポウゲ科】

【原産地】中国南西部、ブータン、カンボジア、インド、インドネシア、マレーシア、ミャンマーなど
【タイプ】巻きひげ
【最低温度】10℃
【日照条件】明るい温室内
【利用】鉢物
【特徴】茎は長さ2～3m。葉は単葉で、卵形または三角状卵形で、革質、長さ10～15cm。葉柄が巻きひげとなり、他物に絡みつく。花は径3cmほどで、葉腋から数個がつく。花期は冬期。花弁状の萼片は4～5個で、反り返り、濃紫色を呈する。花には芳香がある。花期は冬。
【栽培のポイント】
大型鉢で栽培し、明るく暖かい室内で管理する。

クレマチス・スミラキフォリア　*Clematis smilacifolia*

アフゲキア・セリケア（*Afgekia sericea*）【マメ科】

アフゲキア・セリケア　*Afgekia sericea*

【英名】silky afgekia, silver afgekia
【原産地】タイ北東部
【タイプ】巻きつき茎
【最低温度】15℃
【日照条件】明るい温室内
【利用】大型温室内に地植え
【特徴】茎は長さ5〜10mほど。葉は奇数羽状複葉で、楕円形の小葉は長さ3cmほど。若葉は銀色で美しい。花は総状花序に20個ほどつく。淡黄白色の花弁に短毛が密生し、萼片と蕾が紫紅色を呈する。花は3〜4cm。花期は主として夏〜秋。
【栽培のポイント】
大型温室内に地植えまたは大型鉢に植え付ける。成長期の5〜9月にはたっぷりと水を与え、秋以降は控える。種子で繁殖し、播種後2年ほどで開花する。

アメリカホド（*Apios americana*）【マメ科】

アメリカホド　*Apios americana*　右は塊茎

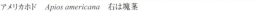

【英名】American groundnut, potato bean, hopniss, Indian potato
【原産地】北アメリカ東部　【タイプ】巻きつき茎
【最低温度】−5℃　【日照条件】明るい戸外
【利用】塊茎を食用とするほか、花も観賞する
【特徴】地下に径1〜6cmほどの塊茎を数珠状につける。茎は長さ2〜4m。葉は羽状複葉で、5〜7個の小葉からなる。10〜40個の蝶形花を総状花序に密につける。花は赤、ピンク、紫褐色で、径1cmほど。花期は夏。
【栽培のポイント】
春に塊茎を肥沃な土壌に植え付ける。

ムラサキナツフジ（*Callerya reticulata*）【マメ科】

ムラサキナツフジ　*Callerya reticulata*

【異名】*Millettia reticulata*
【別名】サッコウフジ
【英名】evergreen wisteria
【原産地】中国南西部、台湾、ベトナム
【タイプ】巻きつき茎
【最低温度】−5℃
【日照条件】明るい戸外
【利用】盆栽、パーゴラ、藤棚に植栽
【特徴】茎は長さ10mほど。葉は奇数羽状複葉で、5〜7個の小葉からなる。花は総状花序につく。花色は紅紫色〜暗紫色。花期は晩夏。
【栽培のポイント】
戸外に植え付けてパーゴラや藤棚などに這わせるか、鉢植えにして盆栽として栽培する。

CHAPTER 2　61

ソシンカ(バウヒニア)属 (*Bauhinia*)【マメ科】

バウヒニア・アウレイフォリア　*Bauhinia aureifolia*　右は巻きひげ

バウヒニア・ビデンタタ　*Bauhinia bidentata*

バウヒニア・コッキアナ　*Bauhinia kockiana*

【英名】mountain ebony, orchid trees
【分布】熱帯アメリカを中心に、東南アジア、アフリカに約150種が分布
【タイプ】巻きひげ
【最低温度】8〜10℃
【日照条件】明るい室内
【利用】大型温室内で植栽
【特徴】常緑の高木から低木。時につる植物で、巻きひげを持つ。葉は全縁または2裂する。花期は夏。
【主な種類】
◆バウヒニア・アウレイフォリア（*B. aureifolia*）　英名：gold leaf bauhinia　1983年にタイで発見された固有種。大型のつる性常緑木本。茎は長さ15〜25m。葉は先が2裂する。花期になると、花序のある枝先の葉・蔓が金色を思わせる赤茶色となって美しい。径3cmほどの白花が集散花序につく。

◆バウヒニア・ビデンタタ（*B. bidentata*）　異名：*Phanera bidentate*　英名：climbing bauhinia, orange bauhinia, orange orchid vine　タイ原産。茎は10mほど。葉は先が2裂する。花は黄色から橙色に変化する。
◆バウヒニア・コッキアナ（*B. kockiana*）　異名：*Phanera kockiana*　和名：イロモドリノキ　英名：Kock's bauhinia, red trailing bauhinia　マレー半島、ボルネオ、スマトラ島原産。茎は長さ5m程度。葉は全縁。花は黄色から鮮紅色に変化する。
【栽培のポイント】
明るい場所を好み、日によく当たるようにする必要がある。繁殖は種子またはさし木、取り木による。ただし、さし木は発根しにくい。戸外では越冬できず、若苗は開花しにくいことから、大型温室内で栽培する必要がある。

チョウマメ (*Clitoria ternatea*)【マメ科】

チョウマメ　*Clitoria ternatea*　下は果実

チョウマメ（八重）　*Clitoria ternatea* (Double)

【英名】Asian pigeonwings, bluebellvine, blue pea, butterfly pea
【原産地】熱帯アジア　【タイプ】巻きつき茎
【最低温度】10℃
【日照条件】明るい戸外
【利用】鉢物または戸外に地植え
【特徴】茎は長さ3mほど。葉は羽状複葉で、5～9個の小葉からなる。花は単生し、径3～5cm。果実は長さ10cmほどの円筒形で、中に黒褐色の種子を含む。
【主な園芸品種】一重咲き、八重咲きのほか、白色、青紫色、桃紫色などの園芸品種が知られる。花期は初夏～秋。
【栽培のポイント】
多年草であるが、園芸上は一年草として扱う。5月頃に播種する。垣根やトレリスなどに這わせるとよい。

ケネディア・コッキネア (*Kennedia coccinea*)【マメ科】

ケネディア・コッキネア　*Kennedia coccinea*

【英名】coral vine
【原産地】西オーストラリア南西部
【タイプ】巻きつき茎
【最低温度】5℃
【日照条件】明るい戸外
【利用】高温多湿に弱いので、日本の栽培は少ない
【特徴】茎の長さは2mほど。葉は三出複葉であるが、ときに5小葉となる。小葉は長さ10cmほど。幼葉には白軟毛がある。蝶形の花は緋色で、径2cmほど。散形状に4～10個つく。花期は晩夏。
【栽培のポイント】
春に播種する。排水性のよい培養土が適している。高温多湿に弱いので、高温期はできるだけ涼しく、風通しのよい場所で管理する。

ヒトツバマメ（ハーデンベルギア）属（*Hardenbergia*）【マメ科】

ハーデンベルギア・コンプトニアナ　*Hardenbergia comptoniana*

ハーデンベルギア・ビオラセア　*Hardenbergia violacea*

【分布】オーストラリアに3種が分布
【タイプ】巻きつき茎
【最低温度】0〜5℃前後
【日照条件】明るい戸外または温室内
【利用】鉢物
【特徴】花は蝶形で、葉腋から生じる総状花序につく。花期は夏〜秋。
【主な種類】
◆ハーデンベルギア・コンプトニアナ（*H. comptoniana*）英名：western australia coral pea　西オーストラリア原産。茎は長さ3mほど。葉は3〜5小葉からなる複葉。小葉は狭披針形〜卵形で、長さ6cmほど。花は長さ12cmほどの総状花序につき、青〜紫色。

◆ハーデンベルギア・ビオラセア（*H. violacea*）異名：*H. monophylla*　英名：false sarsaparilla, purple coral pea, happy wanderer, native lilac, vine lilac　和名：コマチフジ　オーストラリア、タスマニア島原産。茎は長さ2mほど。葉は単葉で長さ8cmほど。葉が単葉である点で、前種と区別できる。花は総状花序につき、紫、淡紫、白、ピンクなどの花色が知られる。
【栽培のポイント】
明るい場所を好み、日によく当たるようにする必要がある。排水性のよい培養土が適している。鉢栽培で行灯仕立てにするとよい。繁殖は種子またはさし木による。

ベニバナインゲン（*Phaseolus coccineus*）【マメ科】

ベニバナインゲン　*Phaseolus coccineus*　右は種子

【英名】runner bean, scarlet runner bean, multiflora bean
【原産地】中央アメリカ　【タイプ】巻きつき茎
【最低温度】5℃　【日照条件】明るい戸外
【利用】種子は花豆と呼ばれて食用にされるとともに、美しい花も観賞される
【特徴】茎は長さ3mほど。葉は三出葉。葉腋から総状花序を出して、鮮やかな朱緋色の花をつける。ふつう種子は虎斑模様が入る。花と種子が白色のものは、シロバナインゲンと呼ばれる。花期は初夏。

【栽培のポイント】
一年生の野菜として扱われる。冷涼な気候を好むため、長野県や北海道、東北地方で栽培される。

レンヒソウ（ラティルス）属 (Lathyrus)【マメ科】 スイートピーの仲間

シュッコンスイートピー　*Lathyrus latifolius*

スイートピー　*Lathyrus odoratus*

【英名】peavines, vetchlings
【分布】ヨーロッパを中心に、北アメリカ、アジア、東アフリカなどに160種ほどが分布
【タイプ】巻きひげ　【最低温度】5℃
【日照条件】明るい戸外
【利用】戸外に植栽、鉢物、切り花
【特徴】葉は偶数羽状複葉で、分岐する巻きひげを持つ。茎には稜または翼がある。花は蝶形で、総状花序につくか単生する。花期は主として初夏〜夏。
【主な種類】
◆シュッコンスイートピー（*L. latifolius*）　和名：ヒロハノレンリソウ　英名：perennial peavine, perennial pea　中央・南ヨーロッパ原産。多年草。北アメリカ、オーストラリアでは野生化している。茎は長さ2mほど。花色は赤紫色からピンク、白色など。

◆スイートピー（*L. odoratus*）　和名：ジャコウエンドウ　英名 sweet pea　シシリー島原産。一年草。茎は長さ1〜2m。花は1〜4個が腋生し、芳香がある。多くの花色の園芸品種が知られる。
【栽培のポイント】
苗を求めて鉢または庭に定植し、日当たりのよい場所で管理する。行灯仕立てや、支柱やネットに誘引する。

トビカズラ（ムクナ）属 (Mucuna)【マメ科】 トビカズラの仲間①

カショウクズマメ　*Mucuna membranacea*

トビカズラ　*Mucuna sempervirens*

トビカズラ（ムクナ）属（*Mucuna*）【マメ科】トビカズラの仲間②

ムクナ・ベネッティー　*Mucuna bennettii*

ムクナ・ベネッティー　*Mucuna bennettii*

ムクナ・ノバーグイネエンシス　*Mucuna novo-guineensis*

【分布】世界の熱帯に約100種が広く分布
【タイプ】巻きつき茎　【最低温度】0～15℃
【日照条件】明るい戸外または大型温室
【利用】紹介する種は大型温室内または温暖な戸外でパーゴラなどに植栽
【特徴】葉は3出複葉。円錐状、総状などの花序は腋生する。
【主な種類】
◆ムクナ・ベネッティー（*M. bennettii*）　英名：New Guinea creeper, red jade vine, scarlet jade vine　ニューギニア原産。茎は長さ20mほど。多数の花が長さ30～60cmほどの総状花序につき、垂れ下がる。花は長さ10～13cmほどで、緋赤色～緋色、竜骨弁は上向きに湾曲して嘴状になる。花期は秋。
◆カショウクズマメ（*M. membranacea*）　八重山列島、台湾原産。茎は長さ10～20m。花は総状について下垂し、1節にふつう3花がつく。花は暗紫色で、長さ5～6cm。ムクナ・ニゲリカンス（*M. nigricans*）に似て混同されるが、本種の頂小葉の基部が切形から鈍形となる。花期は春。

◆ムクナ・ノバーグイネエンシス（*M. novo-guineensis*）　ニューギニア原産。茎は長さ30mほど。多数の花が長さ60cmほどの総状花序につき、垂れ下がる。花は緋赤色で、長さ5～8cm。花期は春。ムクナ・ベネッティー（*M.bennettii*）に似るが、花がやや小さく、小葉の先が尖らない。
◆トビカズラ（*M. sempervirens*）　別名：アイラトビカズラ　中国南部・南西部原産。日本でも熊本、長崎で自生し、恐らく中国から渡来したものとされる。熊本県菊鹿町相良の1本は国の特別天然記念物に裁定されている。茎は長さ10mほど。花は総状について垂れ下がる。花は暗紫色。花期は春～初夏。
【栽培のポイント】
明るい場所を好むので、大型温室などでパーゴラや藤棚を用いて棚仕立てとする。日がよく当たらないと開花しにくい。肥沃な排水のよい土壌を好む。繁殖は取り木による。さし木も可能だが活着率が悪い。ニューギニア産のものは、最低15℃以上必要で、自生地が乾季に当たる10～2月には灌水を極力控える。

ヒスイカズラ (*Strongylodon macrobotrys*)【マメ科】

【英名】jade vine, emerald vine
【原産地】フィリピン 【タイプ】巻きつき茎
【最低温度】15℃
【日照条件】明るい戸外または大型温室
【利用】大型温室内で植栽
【特徴】茎の長さは 10 〜 15m。葉は 3 小葉からなる 3 出複葉。花は長さ 1 〜 1.5m にもなる総状花序に多数つく。花は長さ 7 〜 10cm。花色は特徴ある翡翠色（青緑色）で、英名の由来になっている。旗弁は長くて反り返り、竜骨弁は嘴状になる。花期は春。自生地ではコウモリや鳥が花粉を媒介する。
【栽培のポイント】
ほぼムクナ属（66 頁）に準じる

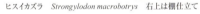

ヒスイカズラ　*Strongylodon macrobotrys*　右上は棚仕立て

スネイルフラワー (*Vigna caracalla*)【マメ科】

【異名】*Phaseolus caracalla*
【英名】corkscrew vine, snail flower, snail vine
【原産地】熱帯南アメリカ　【タイプ】巻きつき茎
【最低温度】5℃　【日照条件】明るい戸外
【利用】鉢植えまたは戸外で地植えされ、「緑のカーテン」にも利用される
【特徴】茎は長さ 6m ほど。葉は 3 小葉からなる 3 出複葉。花には芳香があり、カタツムリに似ている。種小名の「*caracalla*」は、ポルトガル語で「カタツムリ」を意味する。花は径 4 〜 5cm で、3 〜 5 花が長い花序軸の先端につく。花色は紫青色。花期は夏〜秋。
【栽培のポイント】
種子はできないので、苗を求めて鉢または庭に定植し、日当たりのよい場所で管理する。行灯仕立てや、支柱やネットに誘引する。肥料は控える。暖地であれば霜よけをすれば越冬できる。

スネイルフラワー　*Vigna caracalla*

フジ属 (*Wisteria*)【マメ科】

フジ　*Wisteria floribunda*　右は花序アップ

ヤマフジ '昭和紅'　*Wisteria brachybotrys* 'Showa-beni'

シナフジ　*Wisteria sinensis*

【分布】日本、中国、北アメリカに6種が分布
【タイプ】巻きつき茎　【最低温度】−5℃
【日照条件】明るい戸外
【利用】戸外の地植えまたは鉢植え
【特徴】葉は奇数羽状複葉。多数の花を総状花序につけ、垂れ下がる。
【主な種類】
◆ヤマフジ (*W. brachybotrys*)　別名：ノフジ　本州（近畿以西）、四国、九州原産。茎は基部から右に巻いて伸長し、長さ10mほど。花は長さ10〜20cmほどの下垂する総状花序に多数つく。花色は紫、ピンク、白など。花期は春〜初夏で、フジよりやや早い。写真は花色がピンク色の'昭和紅'('Showa-beni')。
◆フジ (*W. floribunda*)　別名：ノダフジ　本州、四国、九州原産。茎は基部から左に巻いて伸長し、長さ10mほど。花は長さ1m以上にもなる総状花序に多数つく。花色は紫、白など。花期は春〜初夏。一歳性品種は、接ぎ木をすると短年月で開花に至り、'長崎一歳藤'('Nagasakiissai')などは鉢植えで栽培される。
◆シナフジ (*W. sinensis*)　中国（河北、四川、広東）原産。茎は基部から右に巻いて伸長し、長さ10mほど。花は長さ15〜25cmほどの下垂する総状花序に多数つく。ヨーロッパ、アメリカ西海岸でよく栽培される。花期は初夏。
【栽培のポイント】
藤棚などを利用して棚仕立てとする。日によく当てないと花がよく咲かない。植栽する場所は日陰であっても、枝を日がよく当たるところに誘引する。

ダレシャンピア・ディスコレイフォリア（*Dalechampia dioscoreifolia*）【トウダイグサ科】

【英名】Costa Rican butterfly vine, purple wings
【原産地】中央・南アメリカ
【タイプ】巻きつき茎
【最低温度】10℃
【日照条件】明るい温室内
【利用】鉢物または温室内で地植え
【特徴】茎は長さ5mほど。葉は卵形、長さ5〜13cm。花には花弁がなく、花弁状に見えるのは総苞で、鮮やかな紫桃色。英名は、2枚の総苞が蝶に似ていることに由来する。花期は夏〜秋（温度があれば周年）。
【栽培のポイント】
明るい場所を好む。5〜10月は戸外で管理できる。成長期の5〜9月は、用土が乾けばたっぷりと水を与え、秋以降は冬越しに備えて水を控える。繁殖はさし木による。汁液により皮膚炎が生じることがある。

ダレシャンピア・ディスコレイフォリア　*Dalechampia dioscoreifolia*

ツルキントラノオ（*Stigmaphyllon ciliatum*）【キントラノオ科】

【英名】Amazon vine, Brazilian golden vine, butterfly vine, golden creeper, orchid vine,
【原産地】ベリーズ〜ウルグアイ
【タイプ】巻きつき茎
【最低温度】10℃　【日照条件】明るい温室内
【利用】温室内で地植え
【特徴】茎は長さ5mほど。葉は革質、広卵形で、長さ4〜10cm。花は鮮黄色で、花弁には縁毛がある。花期は夏〜秋。
【栽培のポイント】
明るい場所を好む。5〜10月は戸外で管理できる。成長期の5〜9月は、用土が乾けばたっぷりと水を与え、秋以降は冬越しに備えて水を控える。繁殖はさし木による。

ツルキントラノオ　*Stigmaphyllon ciliatum*

コウシュンカズラ（*Tristellateia australasiae*）【キントラノオ科】

【英名】shower of gold climber, vining galphimia, vining milkweed
【原産地】マレーシア、オーストラリア、太平洋諸島の熱帯の海岸周辺
【タイプ】巻きつき茎
【最低温度】10℃
【日照条件】明るい温室内
【利用】鉢物または温室内に地植え
【特徴】葉は卵円形、長さ15cmほどで、光沢がある。花は茎頂の総状花序に約15〜30個がまとまってつく。花冠は光沢のある黄色で、径2〜2.5cmほど。果実は翼を持つ星形になり、径1〜2cm。花期は夏〜秋（温度があれば周年）。
【栽培のポイント】
ツルキントラノオ（上段）にほぼ準じる。

コウシュンカズラ　*Tristellateia australasiae*　右上は花アップ

CHAPTER 2　69

ブレピステルマ・アウランティア（Blephistelma aurantia）【トケイソウ科】

【異名】*Murucuia aurantia, Passiflora aurantia*
【英名】orange–petaled passion flower
【原産地】オーストラリア、フィジー、マレーシア、ニューギニアなど
【タイプ】巻きひげ　【最低温度】7℃
【日照条件】明るい温室内　【利用】鉢物
【特徴】茎は長さ1〜2m。葉は長さ7cmほどで、3中〜深裂。花は径5〜8cmで、淡黄色から橙赤色に変化する。萼片の方が花弁より大きい。糸状の副花冠は赤色。花期は初夏から秋。
【栽培のポイント】
明るい場所を好む。5〜10月は戸外で管理できる。行灯仕立てで管理する。成長期の5〜9月は、用土が乾けばたっぷりと水を与え、秋以降は冬越しに備えて水を控える。繁殖はさし木による。

ブレピステルマ・アウランティア　*Blephistelma aurantia*

トケイソウ（パッシフロラ）属（Passiflora）【トケイソウ科】トケイソウの仲間①

パッシフロラ・アラタ　*Passiflora alata*

パッシフロラ・アンティオクエンシス　*Passiflora antioquiensis*

パッシフロラ・ベロティ　*Passiflora × belotii*

トケイソウ　*Passiflora caerulea*

トケイソウ（パッシフロラ）属 (Passiflora) 【トケイソウ科】トケイソウの仲間②

パッシフロラ・キトリナ　*Passiflora citrina*

パッシフロラ・コッキネア　*Passiflora coccinea*

パッシフロラ・エドゥモンドイ　*Passiflora edmundoi*

パッシフロラ・フォエティダ　*Passiflora foetida*

【英名】passion flower
【分布】熱帯・亜熱帯アメリカを中心に、アジア、オーストラリア、太平洋諸島に約430種が分布
【タイプ】巻きひげ　【最低温度】－10～12℃
【日照条件】明るい戸外または温室内
【利用】鉢物または戸外、温室内に地植え
【特徴】巻きひげでよじ登り、長さ5～10m。花は腋生で、単生または総状花序につく。萼片と花弁はともに5個あり、ほぼ同形で、花弁の内側に糸状の副花冠がある。花期は主として初夏～秋で、温度さえあれば周年開花するものもある。
【主な種類】
◆パッシフロラ・アラタ（*P. alata*）　英名：winged-stem passion flower　茎の断面は四角形で翼がある。葉は卵形～卵状楕円形で、長さ8～15cm。花は径10～12cmで、やや芳香がある。萼片と花弁の内側は暗赤色。果実は食用になり洋ナシ形で、長さ8～10cm。最低温度5℃以上。
◆パッシフロラ・アンティオクエンシス（*P. antioquiensis*）英名：red banana passionfruit　コロンビア原産。茎の断面は円形。葉は披針形と3深裂する2形がある。花は径10～12cmと大きく、萼片と花弁は鮮やかな赤色。果実は食用となり、円筒形で長さ10cmほど。最低温度0℃以上。高温には弱い。
◆パッシフロラ・ベロティ（*P.* × *belotii*）　異名：*P.* × *alato-caerulea*　パッシフロラ・アラタ（*P. alata*）とトケイソウ（*P. caerulea*）の交雑種。葉は3裂する。花は径10cmほど、花弁の内側は桃紫色で、萼片はやや淡い。最低温度3℃以上。
◆トケイソウ（*P. caerulea*）　英名：blue passionflower　ブラジル～アルゼンチン原産。葉は掌状に5深裂。花径10cm。萼片、花弁の内側は白色～桃紫色。多数の副花冠は糸状、基部は紫色、中間部は白色、先端は青色。'コンスタ

CHAPTER 2　71

トケイソウ（パッシフロラ）属 (Passiflora)【トケイソウ科】トケイソウの仲間③

クダモノトケイ　*Passiflora edulis*　右は果実

パッシフロラ・ホロセリケア　*Passiflora holosericea*

パッシフロラ・インカルナタ　*Passiflora incarnata*

ンス・エリオット'('Constance Eliott')は白花の園芸品種。温暖地では戸外で越冬できる。最低温度−10℃以上。
◆パッシフロラ・キトリナ（*P. citrina*）　グアテマラ東部〜ホンジュラス中部原産。葉は2または3浅裂し、長さ10cmほど。花は径4〜5cm。萼片と花弁は黄色。周年開花性があり、耐寒性は比較的強く、5℃まで耐える。最低温度5℃以上。
◆パッシフロラ・コッキネア（*P. coccinea*）　英名：red passionflower　熱帯南アメリカ原産。葉は長楕円形で、長さ15cmほど、葉縁に鋸歯。花径は12cmほど。萼片と花弁は濃赤色。最低温度12℃。
◆パッシフロラ・エドゥモンドイ（*P. edmundoi*）　ブラジル西部〜南西部原産。葉は3裂し、長さ10cmほど。花径は6〜7cm。萼片と花弁は特徴ある赤紫色。最低温度10℃。
◆クダモノトケイ（*P. edulis*）　英名：granadilla, paassion fruit　ブラジル〜アルゼンチン原産。葉は掌状に3深裂。花径7〜8cm。萼片と花弁は白色または淡紫色。果実は直径5cmほどで、パッションフルーツと呼ばれ、生食やジュースに利用される。最低温度5℃。
◆パッシフロラ・フォエティダ（*P. foetida*）　和名：クサトケイソウ　英名：love−in−a−mist, running pop, wild water lemon　熱帯アメリカ各地に広く分布。葉はふつう3裂し、やや悪臭がある。花茎は4cmほどで、腺毛のある苞が目立つ。花弁は日が当たるとしぼむ。最低温度10℃。
◆パッシフロラ・ホロセリケア（*P. holosericea*）　メキシコ〜コロンビア、ベネズエラ原産。花径4〜5cm。萼片と花弁は白色。副花冠の先が黄橙色で目立つ。最低温度10℃。
◆パッシフロラ・インカルナタ（*P. incarnata*）　和名：チャボトケイソウ　英名：wild apricot, passion vine　アメリカ合衆国南東部原産。葉は3深裂で、長さ13cmほど。花径は5〜7cm。萼片と花弁は淡青紫〜明青紫色。最低温度は

トケイソウ(パッシフロラ)属 (Passiflora) 【トケイソウ科】トケイソウの仲間④

パッシフロラ・モリッシマ　Passiflora mollissima

パッシフロラ・ペルフォリアタ　Passiflora perfoliata

パッシフロラ・ムルクジャ　Passiflora murucuja

パッシフロラ・ピレセア　Passiflora × piresea

ホザキノトケイソウ　Passiflora racemosa

－5℃。

◆パッシフロラ・モリッシマ（P. mollissima）　異名：P. tripartita var. mollissima　英名：banana passionfruit　ベネズエラ西部、コロンビア、ペルー南東部、ボリビア西部原産。葉は3裂し、長さ12cmほど。花径は6～9cm。萼片と花弁はピンク色。果実は楕円形で長さ5cmほどになり、食用になる。最低温度は2℃。高温多湿には弱い。

◆パッシフロラ・ムルクジャ（P. murucuja）　英名：Virgin Islands passionflower　プエルトリコ、ハイチ、ドミニカ共和国原産。葉は2裂し、長さ2cmほど。花径は4～6cm。萼片と花弁、筒状となる副花冠は赤色。最低温度は10℃。鉢栽培でもよく開花する。

◆パッシフロラ・ペルフォリアタ（P. perfoliata）　英名：leafy passion flower　ジャマイカ原産。葉は2裂し、横に長く12cmほどになる。萼片は花弁より細長く、ともに紫赤色。最低温度は10℃。

◆パッシフロラ・ピレセア（P. × piresea）　誤ってP. × piresiiと綴られることがある。パッシフロラ・クアドリファリア（P. quadrifaria）とパッシフロラ・ビティフォリア（P. vitifolia）との交雑種。葉は卵状楕円形で長さ16cmほど。鮮赤橙色の花は径10～12cm。最低温度は10℃。

◆オオミノトケイソウ（P. quadrangularis）　英名：giant granadilla　ニカラグア～コロンビア原産。茎の断面は四角形。葉は楕円形で長さ20cmほど。花径は12cmほどで、青紫色の副花冠は長さ6cm。萼片と花弁は紫色を帯びる。本属中最も大きい果実をつけ、長楕円体で長さ20～30cm。最低温度は5℃。

◆ホザキノトケイソウ（P. racemosa）　英名：red passion flower　ブラジル原産。革質の葉は3裂し、長さ8cmほど。花は総状花序につき、径は10cmほど。萼片と花弁は濃紅色。

CHAPTER 2　73

トケイソウ（パッシフロラ）属 (*Passiflora*)【トケイソウ科】トケイソウの仲間⑤

オオミノトケイソウ　*Passiflora quadrangularis*　右は果実

パッシフロラ・スブランケオラタ　*Passiflora sublanceolata*

サオトメトケイソウ'アトロプルプレア'　*Passiflora* × *violacea* 'Atropurpurea'

最低温度は10℃。

◆パッシフロラ・スブランケオラタ（*P. sublanceolata*）　異名：*P. palmeri* var. *sublanceolata*　バハ・カリフォルニア州原産。葉は浅く3裂する。花は径8cmほどで、鮮やかなピンク色。最低温度は7℃。

◆サオトメトケイソウ（*P.* × *violacea*）　トケイソウ（*P. caerulea*）とホザキノトケイソウ（*P. racemosa*）との交雑種。葉は3深裂する。花径は8〜10cm。園芸品種に'アトロプルプレア'（'Atropurpurea'）や'ビクトリア'（'Victoria'）が知られる。最低温度は2℃。

◆パッシフロラ・ビティフォリア（*P. vitifolia*）　ニカラグア〜ベネズエラ、ペルー原産。葉は3裂し、長さ18cmほど。花径は12cmほど。萼片と花弁は鮮赤色。最低温度は10℃。交雑により作出された園芸品種として、以下のものが知られる。

◆パッシフロラ'アメジスト'（*P.* 'Amethyst'）　交雑親は不明だがパッシフロラ・ケルメシナ（*P. kermesina*）とトケイソウ（*P. caerulea*）との交雑により作出されたとの説がある。古くから知られる園芸品種で、日本でもよく利用されている。紫〜紫青色の花は径10cmほど。最低温度は2℃。

◆パッシフロラ'バイロン・ビューティー'（*P.* 'Byron Beauty'）　パッシフロラ・インカルナタ（*P. incarnata*）とトケイソウ（*P. caerulea*）との交雑により作出。花径は10〜12cm。紫青色の糸状の副花冠がよく目立つ。最低温度は5℃。

◆パッシフロラ'エリザベス'（*P.* 'Elizabeth'）　パッシフロラ・フォエニケア（*P. phoenicea*）とパッシフロラ・インカルナタ（*P. incarnata*）との交雑により作出。花径は11〜12cm。花つきがよく、強健である。最低温度は5℃。

◆パッシフロラ'インセンス'（*P.* 'Incense'）パッシフロラ・インカルナタ（*P. incarnata*）とパッシフロラ・キンキンナタ（*P.*

トケイソウ（パッシフロラ）属 (*Passiflora*) 【トケイソウ科】トケイソウの仲間⑥

パッシフロラ・ビティフォリア　*Passiflora vitifolia*

パッシフロラ'アメジスト'　*Passiflora* 'Amethyst'

パッシフロラ'バイロン・ビューティー'　*Passiflora* 'Byron Beauty'

パッシフロラ'エリザベス'　*Passiflora* 'Elizabeth'

cincinnata）との交雑により作出。花径10cmほど。最低温度−8℃。

◆パッシフロラ'ジェニファー・グレイス'（*P.* 'Jennifer Grace'）　パッシフロラ・クアドリグランドゥロサ（*P. quadriglandulosa*）とパッシフロラ・ポスラエ（*P. poslae*）との交雑により作出。花径8cmほど。

◆パッシフロラ'レディー・マーガレット'（*P.* 'Lady Margaret'）　パッシフロラ・コッキネア（*P. coccinea*）とパッシフロラ・インカルナタ（*P. incarnata*）との交雑により作出。花径8cmほど。最低温度0℃。

◆パッシフロラ'ライラック・レディー'（*P.* 'Lilac Lady'）トケイソウ（*P. caerulea*）とサオトメトケイソウ（*P.* × *violacea*）との交雑により作出。花径8cm。

◆パッシフロラ'ティアラ'（*P.* 'Tiara'）　パッシフロラ・ケルメシナ（*P. kermesina*）とパッシフロラ・シディフォリア（*P. sidiifolia*）との交雑により作出。花径は10cmほど。副花冠が目立つ。

◆パッシフロラ'ビルゲン・K・フェルホエフ'（*P.* 'Wilgen K Verhoeff'）　パッシフロラ・インシグニス（*P. insignis*）とパッシフロラ・ミクスタ（*P. mixta*）との交雑により作出。花径は10cmほど。最低温度は2℃。

【栽培のポイント】
苗は春から夏に、店頭または通信販売で入手する。日のよく当たる場所で管理する。トケイソウ、パッシフロラ・インカルナタ、サオトメトケイソウなど耐寒性の強い種類は、暖地であれば戸外で栽培できる。トレリスやオベリスクなどに誘引する。成長期の5〜9月には用土の表面が乾けばたっぷりと水を与え、秋以降は控える。肥料は植え付け時の元肥と、成長期に月に1〜2回、追肥として液体肥料を施す。繁殖はさし木による。野生種は種子繁殖も可能である。

CHAPTER 2

トケイソウ（パッシフロラ）属 （*Passiflora*）【トケイソウ科】トケイソウの仲間⑦

パッシフロラ 'インセンス'　　*Passiflora* 'Incense'

パッシフロラ 'ジェニファー・グレイス'　　*Passiflora* 'Jennifer Grace'

パッシフロラ 'レディー・マーガレット'　　*Passiflora* 'Lady Margaret'

パッシフロラ 'ライラック・レディー'　　*Passiflora* 'Lilac Lady'

パッシフロラ 'ティアラ'　　*Passiflora* 'Tiara'

パッシフロラ 'ビルゲン・K・フェルホエフ'　　*Passiflora* 'Wilgen K Verhoeff'

コンブレツム属 (*Combretum*)【シクンシ科】シクンシの仲間

コンブレツム・フルティコスム　*Combretum fruticosum*

コンブレツム・グランディフロルム　*Combretum grandiflorum*

シクンシ　*Combretum indicum*

シクンシ（八重咲き）　*Combretum indicum* 'Double'

【英名】bushwillows
【分布】熱帯アジアを中心に、世界の熱帯に約240種が分布
【タイプ】引っかかり
【最低温度】10〜13℃
【日照条件】明るい温室内
【利用】温室内に地植え
【特徴】茎が他物に絡みついてよじ登る。葉は輪生または対生。開花は主として夏〜秋。
【主な種類】
◆コンブレツム・フルティコスム（*C. fruticosum*）英名：chameleon vine, orange flame vine　メキシコ〜アルゼンチン北部原産。茎は長さ10mほど。花は長さ10〜15cmほどの穂状花序に密につき、開花当初は黄色で、開花が進むにつれて橙色となり、花糸が目立つ。自生地では蜜を求めてハチドリが訪花する。
◆コンブレツム・グランディフロルム（*C. grandiflorum*）英名：showy combretum　西アフリカ原産。茎の先は垂れ下がり、長さ6mほど。鮮やかな赤色の花が長さ15cmほどの穂状花序に密につく。
◆シクンシ（*C. indicum*）　英名：Chinese honeysuckle, Rangoon creeper　旧世界の熱帯原産。茎は長さ3〜8mほどで、落葉すると葉柄の一部が刺状に残り、他物に引っかかる。花は径2〜3cmで、芳香がある。花色ははじめ白色で、すぐに桃色、最後に赤色になる。八重咲きの園芸品種がある。
【栽培のポイント】
成長期の5〜9月には用土の表面が乾けばたっぷりと水を与え、秋以降は控える。成長期に月に1〜2回、追肥として液体肥料を施す。繁殖はさし木による。

ブラケア・グラキリス（*Blakea gracilis*）【ノボタン科】

ブラケア・グラキリス　*Blakea gracilis*

【原産地】コスタリカ、ニカラグア、パナマ
【タイプ】下垂茎
【最低温度】12℃
【日照条件】明るい戸外または室内
【利用】鉢物
【特徴】当初は樹木に着生し、その後、根を下ろす。茎は高さ10mほどになるが、小さい株で開花する。純白の花は茎頂付近の葉腋に単生する。花径は3cmほど。花弁は硬質で、ワックス光沢がある。黄色い12個の雄しべが、雌しべを囲む。花期は初夏～秋。
【栽培のポイント】
成長期の5～9月には用土の表面が乾けばたっぷりと水を与え、秋以降は控える。成長期は月に1～2回、追肥として液体肥料を施す。繁殖はさし木による。

ヘテロケントロン（*Heterocentron elegans*）【ノボタン科】

ヘテロケントロン　*Heterocentron elegans*

【英名】Spanish shawl
【原産地】メキシコ、グアテマラ、ホンジュラス
【タイプ】匍匐茎
【最低温度】5～8℃
【日照条件】やや明るい戸外または室内
【利用】鉢物
【特徴】茎はカーペット状に30～60cmほどに伸長し、各節から根を出し、よく分枝する。赤紫色の花は葉腋に単生する。花径は2.5cmほど。萼は筒状で、繊毛を密生する。ヒメノボタンの名でも流通することがあるが、別種ヒメノボタン（*Osbeckia chinensis*）があるので、この名は使用しない方がよい。花期は主として初夏～秋。
【栽培のポイント】
ほぼブラケア・グラキリス（上段）に準じる。

ウキツリボク（*Abutilon megapotamicum*）【アオイ科】

ウキツリボク　*Abutilon megapotamicum*

【英名】trailing abutilon
【原産地】ブラジル　【タイプ】寄りかかり
【最低温度】0～5℃
【日照条件】明るい戸外または室内
【利用】鉢物または戸外に地植え
【特徴】茎は長さ1.5mほど。花は径3cmほどで、垂れ下がる。萼は筒状で、先は5裂片となり、赤色でよく目立つ。花冠は黄色。花期は主として初夏～秋。
【主な園芸品種】'バリエガツム'（'Variegatum'）は葉に黄色斑が不規則に入る。
【栽培のポイント】
5～10月は戸外で管理できる。成長期の5～9月は、用土表面が乾けばたっぷりと水を与え、秋以降は冬越しに備えて水を控える。成長期は月に1～2回、追肥として液体肥料を施す。繁殖はさし木による。

78　CHAPTER 2

ノウゼンハレン（トロパエオルム）属 (*Tropaeolum*)【ノウゼンハレン科】ノウゼンハレンの仲間

ノウゼンハレン　*Tropaeolum majus*　右上は花アップ

トロパエオルム・トリカラー　*Tropaeolum tricolor*

【英名】Indian cress, nasturtium
【分布】メキシコ南部〜ブラジル、パタゴニアに約90種が分布
【タイプ】巻きひげ
【最低温度】5℃
【日照条件】明るい戸外または室内
【利用】鉢物または戸外に地植え
【特徴】葉柄は長く、触れたものに巻きつく。萼片5個のうち1片が後方に伸びた距を持ち、蜜をためる。
【主な種類】
◆ノウゼンハレン（*T. majus*）　別名：キンレンカ　英名：garden nasturtium　この学名で扱われるものは、数種の交雑により育成された園芸品種群である。茎は長さ3mほどにな

るが、矮性のものもある。茎は匍匐または垂れ下がることが多い。葉は円形の盾形で、葉柄が長い。花径は5〜6cm。花期は初夏〜秋。
◆トロパエオルム・トリカラー（*T. tricolor*）　英名：three-coloured Indian cress, Chilean nasturtium　チリ原産。塊茎を持つ球根植物。茎は細く、長さ3mほど。葉は小さく5〜7裂する。萼と距は緋赤色。花弁は黄色で早くに脱落する。花期は晩冬〜春。
【栽培のポイント】
ノウゼンハレンは戸外、トロパエオルム・トリカラーは室内で栽培する。前者は種子で、後者は塊茎で繁殖する。高温多湿を嫌う。

ルリマツリ (*Plumbago auriculata*)【イソマツ科】

ルリマツリ　*Plumbago auriculata*　右上は花序アップ

ルリマツリ'アルバ'　*Plumbago auriculata* 'Alba'

【異名】*P. capensis*
【英名】blue plumbago, Cape plumbago
【原産地】南アフリカ　【タイプ】絡みつき
【最低温度】0〜5℃
【日照条件】明るい戸外または室内
【利用】鉢物または戸外に地植え
【特徴】茎は長さ1〜2m。葉は長楕円形で、長さ5cmほど。

花は茎頂の穂状花序につく。花は淡青色で、萼上部に腺があり粘つく。花期は春〜秋。
【主な園芸種】'アルバ'（'Alba'）は白花。
【栽培のポイント】
暖地では戸外でも冬越しできる。成長期の5〜9月は、用土表面が乾けばたっぷりと水を与え、秋以降は冬越しに備えて水を控える。

アサヒカズラ（*Antigonon leptopus*）【タデ科】

アサヒカズラ　*Antigonon leptopus*

アサヒカズラ　*Antigonon leptopus*

【別名】ニトベカズラ
【英名】bee bush, coral vine, Mexican creeper,
【原産地】メキシコ　【タイプ】巻きひげ
【最低温度】5～8℃　【日照条件】明るい温室内
【利用】温室内で地植え
【特徴】地下に塊根を持ち、低温期には塊根で越冬する。茎は長さ6～8m。三角形～心臓形の葉は皺状になり、葉の反対側に巻きひげがある。花は総状花序に5～15個つく。萼は花弁のようで、赤～桃色、結実期まで残る。花期は初夏～秋。
【栽培のポイント】
5～10月は戸外で管理できる。成長期の5～9月は、用土表面が乾けばたっぷりと水を与え、秋以降は冬越しに備えて水を控える。成長期は月に1～2回、追肥として液体肥料を施す。繁殖はさし木による。

ヒメツルソバ（*Persicaria capitata*）【タデ科】

ヒメツルソバ　*Persicaria capitata*

【異名】*Polygonum capitatum*
【英名】pink-headed persicaria, pinkhead smartweed
【原産地】ヒマラヤ地方
【タイプ】匍匐茎
【最低温度】0～5℃　【日照条件】やや明るい戸外
【利用】鉢物または戸外に地植え
【特徴】茎は匍匐し、各節から根を出す。葉は楕円形で、長さ2～5cm、表面には褐色のV字状模様が入る。花は淡桃色で、球状の頭状花序が密につく。花期は初夏～秋。
【栽培のポイント】
暖地では戸外で栽培できる。成長期の5～9月は、用土表面が乾けばたっぷりと水を与え、秋以降は冬越しに備えて水を控える。野生化する可能性が高いので注意する。繁殖はさし木による。

イカダカズラ（ブーゲンビレア）属 (*Bougainvillea*) 【オシロイバナ科】①

ブーゲンビレア・バッティアナ'ミセス・バット' *Bougainvillea* × *buttiana* 'Mrs. Butt'

ブーゲンビレア・グラブラ'エリザベス・アンガス' *Bougainvillea glabra* 'Elizabeth Angus'

ブーゲンビレア・グラブラ'サンデリアナ' *Bougainvillea glabra* 'Sanderiana'

【英名】bougainvillea
【分布】中央・南アメリカに18種が分布
【タイプ】引っかかり　【最低温度】3～5℃
【日照条件】明るい温室内または戸外
【利用】鉢物または温室内に地植え
【特徴】茎は3～5mでつる状となり、刺があり、他物に引っかかって伸びる。葉は互生し、卵形または楕円形。花は新梢の葉腋につく。花弁状の苞が3個集まり、1個の花のように見える。各苞に白色の1個の筒状の萼のみの花がつく。花期は夏～秋。
【主な種類】
◆ブーゲンビレア・バッティアナ（*B.* × *buttiana*）　ブーゲンビレア・グラブラ（*B. glabra*）とブーゲンビレア・ペルビアナ（*B. peruviana*）との交雑により作出された。'ミセス・バット''Mrs. Butt'は最もよく栽培される園芸品種で、茎はアーチ状に伸びる。深紅色の苞は楕円形で、長さ3.5cm。
◆ブーゲンビレア・グラブラ（*B. glabra*）　和名：テリハイカダカズラ　英名：lesser bougainvillea, paperflower　ブラジル原産。茎は長さ4～5m。葉は楕円形～広卵形、長さ10～15cmで光沢がある。耐寒性が強く、暖地では戸外で越冬できる。'エリザベス・アンガス'（'Elizabeth Angus'）は苞が広卵形で、明紫赤色。'サンデリアナ'（'Sanderiana'）はよく知られる園芸品種で、苞は紫赤色で、花つきがよく、株もコンパクトに育つ。
◆ブーゲンビレア・スペクタビリス（*B. spectabilis*）　和名：イカダカズラ　英名：great bougainvillea　ブラジル、ボリビア、ペルー原産。ブーゲンビレア・グラブラ（*B. glabra*）に似るが、葉、苞ともに大型で、厚みがあり、茎や葉に綿毛を密生する。刺の先端は曲がる。'メアリー・パーマー'（'Mary Palmer'）は同一株に洋紅色と白色の苞がつくキメラ品種。'ホワイト・ストラ

イカダカズラ（ブーゲンビレア）属 (Bougainvillea)【オシロイバナ科】②

ブーゲンビレア・スペクタビリス 'ホワイト・ストライプ'　Bougainvillea spectabilis 'White Stripe'

ブーゲンビレア・スペクタビリス 'メアリー・パーマー'
Bougainvillea spectabilis 'Mary Palmer'

ブーゲンビレア 'ミセス・エバ'　Bougainvillea 'Mrs. Eva'

ブーゲンビレア 'レインボー・ピンク・ゴールド'　Bougainvillea 'Rainbow Pink Gold'

イブ'（'White Stripe'）は、葉に白色斑が入る。
◆ブーゲンビレア 'ミセス・エバ'（B. 'Mrs. Eva'）　苞は明紫赤色。
◆ブーゲンビレア 'レインボー・ピンク・ゴールド'（B. 'Rainbow Pink Gold'）　苞は橙桃色。
【栽培のポイント】
明るい場所を好む。1年を通じて日によく当てるように努める。5〜10月は戸外で管理できる。比較的低温に強く、3〜5℃で越冬する。成長期の5〜9月は、用土が乾けばたっぷりと水を与える。真夏の水切れを嫌う。秋以降は冬越しに備えて水を控える。開花後に強めに選定を行い、勢いの良い新梢を伸ばすとよく花が咲く。繁殖はさし木によるが、発根は遅く、少ないので、鉢上げ時に根を切らないようにする。

杢キリン (*Pereskia aculeata*) 【サボテン科】

杢キリン　*Pereskia aculeata*

【英名】Barbados gooseberry, leaf cactus, lemonvine, rose cactus
【原産地】熱帯アメリカ　【タイプ】巻きつき茎
【最低温度】5～8℃　【日照条件】明るい温室
【利用】温室内に地植え
【特徴】茎は長さ10mほどで、他物に巻きつき、よく分枝する。葉はやや多肉質、披針形～長楕円形で、長さ5～7cm。花は円錐花序につき、白色で、径2.5cmほど。花期は秋。
【栽培のポイント】
5～10月は戸外で管理できる。成長期の5～9月は、用土表面が乾けばたっぷりと水を与え、秋以降は冬越しに備えて水を控える。排水性の用土に植え付ける。繁殖はさし木による。

インパティエンス・レペンス (*Impatiens repens*) 【ツリフネソウ科】

インパティエンス・レペンス　*Impatiens repens*

【英名】Ceylon balsam, yellow impatiens
【原産地】スリランカ、インド
【タイプ】匍匐茎　【最低温度】8～10℃
【日照条件】やや明るい温室
【利用】鉢物、特にハンギングバスケット
【特徴】茎は赤褐色で匍匐し、よく分枝する。葉は小さく、長さ1～2cm。花は葉腋に単生し、黄色で、長さ3～4cm。花期は温度さえあれば周年。
【栽培のポイント】
強光は嫌うので、戸外の日陰またはやや明るい室内で管理する。成長期の5～9月は、用土表面が乾けばたっぷりと水を与え、秋以降は冬越しに備えて水を控える。繁殖はさし木による。ハンギングバスケットに植え付けると、茎が垂れ下がる。

ノランテア・グイアネンシス (*Norantea guianensis*) 【マルクグラビア科】

ノランテア・グイアネンシス　*Norantea guianensis*

【英名】red hot poker vine
【原産地】ギアナ　【タイプ】付着根
【最低温度】10℃　【日照条件】明るい温室内
【利用】大型温室内に地植え
【特徴】茎は長さ10～20mほど。茎から付着根を出して付着し、枝先は付着せずに伸び広がる。枝先の葉は光沢があり、長楕円形で、長さ20cmほど。茎頂に長さ50cmほどの花序を出し、多数の赤い花をつける。径1cmほどの赤橙色の袋状の苞が目立つ。花は小さく紫色で目立たない。苞内には蜜を貯め、自生地では鳥が訪れる。花期は夏から秋。
【栽培のポイント】
茎が伸びれば支柱などに誘引する。成長期の5～9月は、用土表面が乾けばたっぷりと水を与え、秋以降は冬越しに備えて水を控える。繁殖はさし木による。

CHAPTER 2

カンツア（*Cantua buxifolia*）【ハナシノブ科】

カンツア　*Cantua buxifolia*

【英名】magic-flower, magic-flower-of-the-Incas, sacred-flower-of-the-Incas
【原産地】ペルー、ボリビア、チリ北部
【タイプ】下垂茎　【最低温度】0～5℃
【日照条件】明るい戸外または室内
【利用】エスパリア仕立て
【特徴】インカの聖なる花（sacred-flower-of-the-Incas）と呼ばれ、ペルー、ボリビアの国花として知られる。花期は春。基部からよく分枝し、高さ1～5mとなる。茎はアーチ状に伸びる。葉は楕円形～披針形で、長さ1～5cm。花は散房花序につき、下垂する。筒状の花は長さ7～8cm。
【栽培のポイント】
耐寒性は比較的強く、暖地では戸外で越冬できるが、無加温温室の越冬の方が安全である。一方、夏の高温多湿を嫌うため、栽培は困難である。

コベア（*Cobaea scandens*）【ハナシノブ科】

コベア　*Cobaea scandens*

コベア'アルバ'　*Cobaea scandens* 'Alba'

【和名】ツルコベア
【英名】cup-and-saucer vine, Mexican ivy, monastery bells
【原産地】メキシコ　【タイプ】巻きひげ
【最低温度】5℃　【日照条件】明るい戸外
【利用】明るい戸外に地植え
【特徴】茎は長さ3～7mになる。葉は羽状複葉で、小葉は長さ10cmほど、頂小葉は分岐した巻きひげとなる。萼は緑色で、膜質。濃紫色の花は葉腋に単生し、特徴ある鐘形で、径5cmほど。花期は夏～秋。
【主な園芸品種】白花の'アルバ'（'Alba'）がある。
【栽培のポイント】
繁殖は種子による。春に播種を行い、5～6月頃、排水性のよい戸外または大型鉢に定植する。戸外での越冬には防寒対策が必要である。

アガペテス属 (Agapetes)【ツツジ科】

アガペテス・セルペンス　*Agapetes serpens*

アガペテス'ラッジバン・クロス'　*Agapetes* 'Ludgvan Cross'

【分布】熱帯アジア～オーストラリア北部に約100種が分布
【タイプ】下垂茎　【最低温度】5℃
【日照条件】明るい温室
【利用】鉢物、またはヘゴ材に着生させる
【特徴】茎は細く、アーチ状に伸びる。葉は互生する。花は葉腋に単生し、筒状～鐘状。花期は冬～春。
【主な種類】
◆アガペテス・セルペンス（*A. serpens*）ヒマラヤ、中国南部原産。地下部は塊根状に肥大する。茎は長さ60～80cm。花は長さ2cmほどで、赤色で濃色のV字模様が入る。
◆アガペテス'ラッジバン・クロス'（*A.* 'Ludgvan Cross'）前種とアガペテス・インクルバタ（*A. incurvata*）との交雑種。花はピンク色を帯びる。
【栽培のポイント】
排水のよい場所に植え付けるか、ヘゴ材に着生させる。支柱を添えて誘引する。繁殖はさし木による。

エパクリス・ロンギフロラ (*Epacris longiflora*)【ツツジ科】

エパクリス・ロンギフロラ　*Epacris longiflora*

【英名】fuchsia heath
【原産地】オーストラリアのシドニー近郊
【タイプ】下垂茎　【最低温度】5℃
【日照条件】やや明るい室内
【利用】温室内に地植え
【特徴】茎の長さは0.5～1.5m。葉は先が尖り、長さ1cmほど。花は筒状で細長く、筒部は赤い、先は白色で、長さ2.5～4cm。春～初夏。
【栽培のポイント】
温室内の排水のよい場所に植え付ける。茎が伸び広がるので、エスパリア仕立てにするとよい。繁殖はさし木による。

マクレアニア・インシグニス (*Macleania insignis*)【ツツジ科】

マクレアニア・インシグニス　*Macleania insignis*

【原産地】ホンジュラス、グアテマラ
【タイプ】下垂茎　【最低温度】5℃
【日照条件】やや明るい室内
【利用】温室内に地植え
【特徴】地下部は塊根状に肥大する。茎は細く、長さ2mほどで垂れ下がりぎみに伸びる。葉は楕円形で、長さ4～10cm。花は頂部付近の葉腋の総状花序につく。花は筒状で、筒状部は赤色、先は白色。花期は春～秋。
【栽培のポイント】
温室内の排水のよい場所に植え付ける。高温多湿を嫌う。繁殖はさし木による。

CHAPTER 2　85

スフィロスペルマム・ブクシフォリウム（*Sphyrospermum buxifolium*）【ツツジ科】

スフィロスペルマム・ブクシフォリウム　*Sphyrospermum buxifolium*

【流通名】真珠コケモモ
【原産地】中央アメリカ～南アメリカ北西部
【タイプ】下垂茎　【最低温度】5℃
【日照条件】やや明るい室内
【利用】鉢物、特にハンギングバスケット
【特徴】茎は細く垂れ下がり、長さ50cmほど。葉はやや厚みがあり、楕円形～卵形で、先は丸みを帯び、長さ1～2cm。花は長さ5mmほどで、細長く白色で、目立たない。果実は球状で、径6～10mmほど、白色から紫色に熟す。花期は不定期。よく似た種に、スフィロスペルマム・コルディフォリウム（*S. cordifolium*）が知られ、葉先が尖る。
【栽培のポイント】
排水性の良い用土でハンギングバスケットに植えるとよい。繁殖はさし木による。

マネッティア（*Manettia luteorubra*）【アカネ科】

マネッティア　*Manettia luteorubra*

【和名】アラゲカエンソウ
【異名】*Manettia bicolor*
【英名】Brazilian firecracker, firecracker vine
【原産地】パラグアイ、ウルグアイ
【タイプ】巻きつき茎　【最低温度】7～8℃
【日照条件】明るい温室内　【利用】鉢物
【特徴】茎は細く、よく分枝し、長さ2mほど。葉は長さ2.5～4cm。葉裏面や茎に微軟毛。花は葉腋に単生。花冠は筒状で、先は4裂、長さ5cmほど、粗毛が多い。花冠筒部は明赤色、先は黄色となり、英名はその色彩と形態から爆竹（firecracker）に見立てた。花期は春から秋。
【栽培のポイント】
排水のよい用土で鉢に植え、行灯仕立てに適する。繁殖はさし木による。

カロライナジャスミン（*Gelsemium sempervirens*）【ゲルセミウム科】

カロライナジャスミン　*Gelsemium sempervirens*

【英名】Carolina jasmine, false jasmine, yellow jessamine
【原産地】アメリカ合衆国南部、メキシコ、グアテマラ
【タイプ】巻きつき茎
【最低温度】0℃　【日照条件】明るい戸外
【利用】戸外に地植え
【特徴】茎は長さ5～6mほどに伸びる。葉は光沢がある倒卵形で、長さ5cmほど。濃黄色の花は腋生で、芳香があり、径3cmほど。花期は春。
【栽培のポイント】
明るい戸外に植え、フェンスやアーチに絡ませるとよい。花後に茎を切り戻し、新梢を仕立てる。繁殖はさし木による。

アラマンダ属 (*Allamanda*) 【キョウチクトウ科】①

アラマンダ・ブランケティー　*Allamanda blanchetii*

アリアケカズラ　*Allamanda cathartica*

アリアケカズラ'チェリー・ライプ'　*Allamanda cathartica* 'Cherry Ripe'

【分布】熱帯アメリカに14種が分布
【タイプ】寄りかかり
【最低温度】10〜12℃
【日照条件】明るい温室内
【利用】温室内に地植え
【特徴】ほとんどの種がつる性であるが、低木のものもある。葉は全縁で対生または輪生する。花は茎頂で、1花茎に数花がつき、次々開花する。花は漏斗形で、先は5裂する。開花は主として初夏〜秋。
【主な種類】
◆アラマンダ・ブランケティー (*A. blanchetii*)　異名：*A. violacea*　英名：purple allamanda, violet allamanda　南アメリカ原産。半つる性で、茎は数mになる。葉は卵状長楕円形で、長さ6cmほど、4個が輪生する。花は漏斗形で、赤紫色、径5〜6cm。
◆アリアケカズラ (*A. cathartica*)　英名：common allamanda, common trumpetvine, brownbud allamanda, golden-trumpet, yellow allamanda　南アメリカ原産。本属中、最もよく栽培される。茎は長さ6mほどに伸びる。葉は光沢があり、3〜4個が輪生するが、まれに対生することがある。花は漏斗形で、径5〜7cm、鮮黄色。

いくつかの園芸品種が知られる。'チェリー・ライプ' ('Cherry Ripe') は、花が赤紫色を帯びる。'ヘンダーソニー' ('Hendersonii') は大輪の園芸品種で、オオバナアリアケカズラの名があり、蕾の外側は茶色を帯びる。'ジャマイカン・サンセット' ('Jamaican Sunset') は花の外側がやゝオレンジ色を帯びる。八重咲きの園芸品種として'スタンシルズ・ダブル' ('Stansill's Double') がある。'ウィリアムシー' ('Williamsii') は花の喉部が赤褐色になる。
【栽培のポイント】
温室内の明るい場所で栽培し、パーゴラまたはフェンスに誘引する。排水のよい土壌を好む。10℃以上で越冬するが、アラマンダ・ブランケティーはやゝ低温に弱い。繁殖はさし木による。

アラマンダ属 (Allamanda)【キョウチクトウ科】②

アリアケカズラ'ヘンダーソニー' *Allamanda cathartica* 'Hendersonii'　右下は茎頂部

アリアケカズラ'ジャマイカン・サンセット'
Allamanda cathartica 'Jamaican Sunset'

アリアケカズラ'スタンシルズ・ダブル'
Allamanda cathartica 'Stansill's Double'

コネモルファ・フラグランス (Chonemorpha fragrans)【キョウチクトウ科】

コネモルファ・フラグランス　*Chonemorpha fragrans*

【英名】frangipani vine
【原産地】インド〜マレー半島
【タイプ】巻きつき茎
【最低温度】10℃
【日照条件】明るい温室内
【利用】大型温室内に地植え
【特徴】茎は長さ5〜10mになる。葉は厚く光沢があり、卵形〜楕円形で、長さ20〜45cm、裏面には毛が密生する。芳香のある花は漏斗形で、白色、中心部は黄色となり、先は5裂し、右に強くねじれている。花期は夏。
【栽培のポイント】
温室内の明るい場所で栽培する。パーゴラまたはフェンスに誘引するとよい。排水のよい土壌を好む。繁殖はさし木による。

ボーモンティア属 (Beaumontia)【キョウチクトウ科】

ボーモンティア・グランディフロラ　*Beaumontia grandiflora*

ボーモンティア・ムルティフロラ　*Beaumontia multiflora*

ボーモンティア・ムルトニー　*Beaumontia murtonii*

【分布】インド〜中国、バリ島に9種が分布
【タイプ】巻きつき茎
【最低温度】10℃
【日照条件】明るい温室内
【利用】大型温室に地植え
【特徴】葉は全縁で、対生する。花は頂生の集散花序につく。花は白色の漏斗形または鐘形で、基部は筒状になる。花には芳香がある。開花期は冬〜春。
【主な種類】
◆ボーモンティア・グランディフロラ（*B. grandiflora*）英名：easter lily vine, Herald's trumpet, Nepal trumpet flower　インド〜ベトナム原産。茎は5〜10m以上になり、若い茎は赤みを帯びて褐色毛を密生する。葉は先が尖り、楕円形〜卵形で、長さ15〜20cm。花は径8〜10cm、長さ10〜12cm。筒部は長く7〜13cm。

◆ボーモンティア・ムルティフロラ（*B. multiflora*）マレー半島〜バリ島原産。茎は10m以上になる。葉は楕円形〜倒披針形で、長さ10〜25cm。花は漏斗形で、径15〜20cm、長さ5〜7cm。前種に似るが、花の筒部が短く、幅広いことが特徴である。
◆ボーモンティア・ムルトニー（*B. murtonii*）中国南西部、タイ、ベトナム、ラオス、カンボジア、西マレーシア原産。茎は10m以上になる。葉は倒卵形〜広楕円形で、長さ10〜30cm。花は広鐘形で、筒部は5〜6cm。
【栽培のポイント】
温室内の明るい場所で栽培する。パーゴラまたはフェンスに誘引するとよい。排水のよい土壌を好む。開花後は強剪定を行い、樹形を整える。繁殖はさし木による。

セロペギア属 (Ceropegia)【キョウチクトウ科】ハートカズラの仲間①

セロペギア・アルビセプタ・ロビンシアナ　*Ceropegia albisepta* var. *robynsiana*　　セロペギア・アンプリアタ　*Ceropegia ampliata*

【分布】アラビア、アフリカ、カナリア諸島～アジア南部、オーストラリアに約160種が分布
【タイプ】巻きつき茎、匍匐茎　【最低温度】8℃
【日照条件】やや明るい室内　【利用】鉢物
【特徴】茎の多くは長く伸びて匍匐または他物に巻きつくが、まれに直立する。葉は多肉質で対生するが、無葉のものがある。花は筒状で、奇異な形態をしている。花期は主として夏。
【主な種類】
◆セロペギア・アルビセプタ・ロビンシアナ（*C. albisepta* var. *robynsiana*）　異名：*C. robynsiana*　コンゴ原産。茎は巻きつき茎。葉は卵形～楕円形で、長さ5～10cm。花は長さ5cmほどで、先が鳥のくちばし状になる。
◆セロペギア・アンプリアタ（*C. ampliata*）　英名：bushman's pipe, taper vine　南アフリカ原産。茎は匍匐する。葉はないか鱗片状。淡黄色の花は筒状で、長さ6cmほど。
◆セロペギア・ディスティンクタ（*C. distincta*）　ザンジバル原産。茎は巻きつき茎。葉は卵形～楕円形。漏斗形の花は3～4cmで、先に毛が生じる。
◆セロペギア・ハイガルティー（*C. haygarthii*）　南アフリカ原産。茎は巻きつき茎。葉は卵形～楕円形。花は漏斗形で径2.5cm。雄しべが雌しべを取り囲んで形成したずい柱は長く伸びる。

◆セロペギア・リネアリス・デビリス（*C. linearis* subsp. *debilis*）　異名：*C. debilis*　南アフリカ原産。茎は針金のように細く、匍匐する。節にむかご状の塊茎をつくる。葉は狭線形で、長さ3cm。花は筒状で、長さ2cmほど。
◆セロペギア・サンダーソニー（*C. sandersonii*）　園芸名：酔竜　英名：fountain flower, parachute plant, umbrella plant　モザンビーク、南アフリカ原産。茎は巻きつき茎。葉は若い茎につき、心臓形で、長さ5cm。花はパラシュート状で、長さ4～7cm。
◆セロペギア・スタペリフォルミス（*C. stapeliiformis*）　園芸名：薄雲　英名：serpent ceropegia, snake creeper　南アフリカ原産。半つる状で、茎は多肉質。葉は鱗片状に残る。花は先が広がり、長さ5～7cm。
◆ハートカズラ（*C. woodii*）　異名：*C. linearis* subsp. *woodii*　英名：rosary vine, sweetheart vine　ジンバブエ～南アフリカ原産。茎は針金のように細く、匍匐する。節にむかご状の塊茎をつくる。葉はハート形で、長さ1.5～2.5cm。花は筒状で、長さ2cmほど。
【栽培のポイント】
多肉植物として扱い、排水のよい用土に植え付ける。茎が匍匐するものはハンギングバスケットに植えると垂れ下がる。巻きつき茎は行灯仕立てにする。繁殖はさし木またはむかご状の塊茎ができるものはそれによる。

セロペギア属 (*Ceropegia*)【キョウチクトウ科】ハートカズラの仲間②

セロペギア・ディスティンクタ　*Ceropegia distincta*

セロペギア・ハイガルティー　*Ceropegia haygarthii*

セロペギア・リネアリス・デビリス　*Ceropegia linearis* subsp. *debilis*

セロペギア・サンダーソニー　*Ceropegia sandersonii*

セロペギア・スタペリフォルミス　*Ceropegia stapeliiformis*

ハートカズラ　*Ceropegia woodii*

クリプトステギア・グランディフロラ（*Cryptostegia grandiflora*）【キョウチクトウ科】

クリプトステギア・グランディフロラ　*Cryptostegia grandiflora*

【和名】オオバナアサガオ
【英名】purple vine, rubber vine
【原産地】アフリカ
【タイプ】巻きつき茎
【最低温度】5℃
【日照条件】明るい温室内
【利用】大型温室内に地植え
【特徴】茎は長さ10m以上になる。葉は光沢があり、長楕円形、長さ7～10cm。鐘形の花は頂生の集散花序につき、径5～7cmで、淡赤紫色。花期は初夏～秋。
【栽培のポイント】
温室内の明るい場所で栽培する。パーゴラまたはフェンスに誘引するとよい。排水のよい土壌を好む。繁殖はさし木による。

マダガスカル・ジャスミン（*Marsdenia floribunda*）【キョウチクトウ科】

マダガスカル・ジャスミン　*Marsdenia floribunda*

マダガスカル・ジャスミン'バリエガタ'　*Marsdenia floribunda* 'Variegata'

【異名】*Stephanotis floribunda*
【英名】Madagascar jasmine, wax flower
【原産地】マダガスカル
【タイプ】巻きつき茎
【最低温度】12～15℃
【日照条件】明るい室内または戸外
【利用】鉢物、コサージュ、ブーケ
【特徴】つる性の多年草。葉は革質で、卵形、長さ7～8cm。純白の花は散形状に6～7個がつき、長さ7～8cm、径4cmで、芳香がある。花期は初夏～夏。
【主な園芸品種】
'バリエガタ'（'Variegata'）は、葉に白色覆輪が入る。
【栽培のポイント】
高温期には戸外で管理し、低温期には室内の明るい場所に取り込む。排水のよい用土で植え付ける。繁殖はさし木による。

サクララン(ホヤ)属 (*Hoya*)【キョウチクトウ科】サクラランの仲間①

ホヤ・アウストラリス　*Hoya australis*

サクララン　*Hoya carnosa*

サクララン'コンパクタ'　*Hoya carnosa* 'Compacta'

サクララン'エキゾティカ'　*Hoya carnosa* 'Exotica'

【英名】waxflower, waxplant, waxvine
【分布】東アジアから太平洋諸島、オーストラリアに約200種が分布
【タイプ】巻きつき茎、付着根、下垂茎
【最低温度】5～8℃　【日照条件】やや明るい室内
【利用】鉢物、特にハンギングバスケット仕立て
【特徴】茎は巻きつき、節から付着根を出してよじ登るか垂れ下がる。葉は多肉質で、対生する。花は腋生し、散形状の集散花序をつくる。多肉質の花は先が星状に5裂し、肉質の副花冠がある。花には芳香があることが多い。花期は主として初夏～秋。
【主な種類】
◆ホヤ・アウストラリス(*H. australis*)　オーストラリア東部および北部原産。茎は長さ5m以上となる。葉は円形～広卵形で、長さ4～12cm。花は径1.5cmで、白色、副花冠は赤色。

◆サクララン(*H. carnosa*)　英名：common wax plant, honey plant, wax flower　インド、ミャンマー、中国南部原産。茎は長さ6m以上となる。葉は楕円形で、光沢があり、長さ5～10cm。花は径1.5cmほどで、花色は白色～薄ピンク色、副花冠は赤色を帯びる。ロウ質の光沢がある。本属中最もよく栽培される。'コンパクタ'('Compacta')は凸凹した葉が密に重なり合う。'エキゾティカ'('Exotica')は緑葉の中央部にピンク色や黄色の斑が入る。越冬は5℃で可能。
◆ホヤ・キンナモミフォリア(*H. cinnamomifolia*)　ジャワ島原産。茎は長さ3mほどになる。葉は卵円形～卵状長楕円形で、長さ7～15cm。花は径2cmほどで、花色は黄緑色、副花冠は紫色を帯びる。
◆ホヤ・カーティシー(*H. curtisii*)　フィリピン、マレーシア、ニューギニア原産。茎は細く、匍匐する。葉はハート形で、長さ1.5cmで灰緑色の斑が入る。花は白色で、副花冠は赤みを帯びる。

サクララン(ホヤ)属 (*Hoya*)【キョウチクトウ科】サクラランの仲間②

ホヤ・キンナモミフォリア　*Hoya cinnamomifolia*

ホヤ・カーティシー　*Hoya curtisii*

ホヤ・エングレリアナ　*Hoya engleriana*（タイ・プールアン野生生物保護区にて）

◆ホヤ・エングレリアナ（*H. engleriana*）カンボジア、ラオス、ベトナム、タイ原産。茎は細く、長く垂れ下がる。葉は線形で、長さ1.5cmほど。花は径1.5cmほどで、白色、副花冠は赤みを帯びる。

◆ホヤ・インペリアリス（*H. imperialis*）フィリピン、マレーシア原産。茎は長さ6m以上に伸びる。葉は楕円形〜狭長楕円形で、長さ15〜22cm。花は本属中最大級で、径7cmほど。花色は赤紫色で、副花冠は乳白色。

◆ホヤ・ランセオラタ・ベラ（*H. lanceolata* subsp. *bella*）異名：*H. bella*　英名：miniature wax plant　インド〜ミャンマー北部原産。茎は長さ0.5〜1mほど。葉はややひし形〜卵状楕円形、長さ4cmほど。花は径2cmほどで、白色、副花冠は紫赤色。

◆ホヤ・リネアリス（*H. linearis*）ネパール、中国・雲南省原産。茎は細く、長く垂れ下がる。葉は線形で、長さ3〜5cm、軟毛を密生する。花は径1cmほどで、白色。

◆ホヤ・マクギリブライ（*H. macgillivrayi*）オーストラリア・クイーンズランド州原産。茎は長く伸びる。葉は卵形〜披針形で、長さ15〜20cm。花は径6cmほどと大きく、暗赤色。

◆ホヤ・ムルティフロラ（*H. multiflora*）英名：shooting stars　東南アジア原産。茎はやや低木状に伸びる。葉は楕円形で、長さ10cm。花は径2.5cmほどで、白色で、強い芳香がある。

◆ホヤ・プルプレオフスカ（*H. purpureo-fusca*）異名：*H. cinnamomifolia* var. *purpureofusca*　ジャワ島原産。*H. purpureofusca* と綴られることがある。茎は長さ5mほど。葉は長楕円形〜卵形、長さ15cm、緑色地に銀桃色の不規則斑点が入る。花は1.5cmほどで、赤褐色を帯び、副花冠は濃赤紫色。

サクララン(ホヤ)属 (*Hoya*)【キョウチクトウ科】サクラランの仲間③

ホヤ・インペリアリス　*Hoya imperialis*

ホヤ・ランセオラタ・ベラ　*Hoya lanceolata* subsp. *bella*

ホヤ・マクギリブライ　*Hoya macgillivrayi*

ホヤ・リネアリス　*Hoya linearis*

◆ホヤ・シギラティス（*H. sigillatis*）　ボルネオ島原産。茎は細く、長さ1mほどになる。葉は長披針形で、長さ3〜8cm、灰緑色地に灰色の斑規則紋様が入る。花は径1cmほどで、黄橙色を帯びる。

【栽培のポイント】
夏の強光を避け、秋以降は室内の明るい場所で管理する。冬期は5〜8℃以上に保つようにするが、サクラランは寒さに強いため、5℃程度で越冬できる。成長期の5〜9月は用土の表面が乾けばたっぷりと水を与えるが、秋以降は徐々に水を控える。成長期に、2か月に1度、緩効性肥料を施す。一度咲いた花茎には毎年花をつけるので、伸びた茎は切らずに、こまめに誘因する。ハンギングバスケット仕立てやヘゴ材に絡ませるとよい。水苔または腐葉土を混合した用土で植え付ける。繁殖はさし木による。

CHAPTER 2　95

サクララン(ホヤ)属 (*Hoya*) 【キョウチクトウ科】サクラランの仲間④

ホヤ・プルプレオフスカ　*Hoya purpureo-fusca*

ホヤ・ムルティフロラ　*Hoya multiflora*（タイ・プールアン野生生物保護区にて）

ホヤ・シギラティス　*Hoya sigillatis*

マンデビラ属 (*Mandevilla*) 【キョウチクトウ科】①

マンデビラ・アマビリス'アリス・デュ・ポン'　*Mandevilla × amabilis* 'Alice du Pont'　右はスタンダード仕立て

マンデビラ属 (Mandevilla)【キョウチクトウ科】②

マンデビラ・アトロビオラケア　*Mandevilla atroviolacea*　　　　マンデビラ・ボリビエンシス　*Mandevilla boliviensis*

マンデビラ・ラクサ　*Mandevilla laxa*　　　　マンデビラ・サンデリ　*Mandevilla sanderi*

【英名】rocktrumpet
【分布】熱帯アメリカに約130種が分布
【タイプ】巻きつき茎　【最低温度】5～8℃
【日照条件】明るい室内または戸外
【利用】鉢物
【特徴】葉は全縁で、多くは対生する。花は漏斗形で、腋生または頂生の総状花序につく。花期は主として初夏～秋だが、温度さえあれば周年開花する。
【主な種類】
◆マンデビラ・アマビリス（*M. × amabilis*）マンデビラ・スプレンデンス（*M. splendens*）を片親とした交雑種と考えられる。茎は長さ1～4mほど。葉は長楕円形で、長さ10～20cm。写真は'アリス・デュ・ポン'（'Alice du Pont'）でよく栽培される。葉は光沢があり、表面の凹凸が著しい。漏斗形の花は径9～12cm。花色は桃～濃桃赤色に変化する。
◆マンデビラ・アトロビオラケア（*M. atroviolacea*）ブラジル南部原産。地下部は塊根状に肥大する。茎は長さ1～3m。花は径6～7cmで、濃赤紫色。
◆マンデビラ・ボリビエンシス（*M. boliviensis*）流通名：サマードレス　ボリビア、エクアドル原産。茎は長さ4mほど。葉は楕円形～卵状楕円形で、光沢があり、平滑、長さ10cmほど。花は径4cm、白色で喉部は黄色。
◆マンデビラ・ラクサ（*M. laxa*）和名：チリソケイ　英名：Chilean jasmine　アルゼンチン原産。茎は長さ4mほど。葉は心状長楕円形で、長さ5～7cm。花は強い芳香があり、径5cmほどで、白色。
◆マンデビラ・サンデリ（*M. sanderi*）ブラジル原産。茎は6mほどに伸びるが、枝を刈り込むと低木状に育つ。花は径6～7cm、桃～濃桃赤色。

CHAPTER 2　97

マンデビラ属 (Mandevilla)【キョウチクトウ科】③

マンデビラ'ブライズ・キャスケード' *Mandevilla* 'Bride's Cascade' 　　　マンデビラ'ルビー・スター' *Mandevilla* 'Ruby Star'

マンデビラ'ホワイト・ファンタジー' *Mandevilla* 'White Fantasy' 　　　マンデビラ・サンパラソル・クリムソン *Mandevilla* Sun Parasol® Crimson

マンデビラ・サンパラソル・ホワイト *Mandevilla* Sun Parasol® White

以下の園芸品種が知られる。
◆マンデビラ'ブライズ・キャスケード'（*M.* 'Bride's Cascade'）　茎は長さ3mほど。花は白色。
◆マンデビラ'ルビー・スター'（*M.* 'Ruby Star'）　茎は3～5mになる。花は濃赤色。
◆マンデビラ'ホワイト・ファンタジー'（*M.* 'White Fantasy'）　茎は長さ3～5m。花は白色。
◆サンパラソル・シリーズ（Sun Parasol® series）サントリーフラワーズ育成の園芸品種群。花色は白色、ピンク色、赤色などが知られる。
【栽培のポイント】
明るい場所を好む。成長期の5～9月は用土の表面が乾けばたっぷりと水を与えるが、秋以降は徐々に水を控える。成長期は、1か月に1度、液体肥料を施す。行灯仕立てや、パーゴラやフェンスに誘引する。繁殖はさし木による。

ブルースター(*Oxypetalum coeruleum*)【キョウチクトウ科】

ブルースター　*Oxypetalum coeruleum*

【異名】*Tweedia coerulea*
【原産地】ブラジル南部、ウルグアイ
【タイプ】下垂茎
【最低温度】0〜5℃
【日照条件】明るい戸外
【利用】鉢物、切り花または戸外に地植え
【特徴】茎は1mほどに伸びる。全株に白い短毛。葉は長楕円形で、長さ10cmほど。花径は3cmほど。色は光沢のある淡青色で、老化すると濃青色になる。ブルースターやオキシペタラムの名で流通する。果実は紡錘形、長さ15cmほどで、中に種髪を持つ種子を含む。花期は主として初夏〜秋。
【栽培のポイント】
暖地では戸外で越冬する。日のよく当たる場所で管理する。繁殖はさし木による。

ワイルド・アラマンダ(*Pentalinon luteum*)【キョウチクトウ科】

ワイルド・アラマンダ　*Pentalinon luteum*

【異名】*Urechites lutea*
【通通名】サマー・ブーケ
【英名】hammock viper's-tail, licebush, wild-allamanda, yellow mandevilla
【原産地】フロリダ南部、西インド諸島
【タイプ】巻きつき茎　【最低温度】8〜10℃
【日照条件】明るい室内または戸外
【利用】鉢物
【特徴】マングローブ内や沿岸部に自生する。茎は1〜4m。茎の切り口から出る汁液は有毒で、皮膚につかないように注意する。葉は長楕円形〜円形で、光沢がある。花は漏斗形。花径は5〜7cmほどで、鮮やかな黄色。花期は主として初夏〜秋。
【栽培のポイント】
マンデビラ属（97頁）にほぼ準じるが、やや寒さに弱い。

イエライシャン(*Telosma cordata*)【キョウチクトウ科】

イエライシャン　*Telosma cordata*

【英名】west coast creeper
【中国名】夜来香
【原産地】インド〜ベトナム
【タイプ】巻きつき茎
【最低温度】8〜10℃
【日照条件】明るい室内または戸外
【利用】鉢物または温室内に地植え
【特徴】硬く細い茎は長さ4〜5mに伸びる。葉は長心臓形で、長さ6cmほど。淡黄色の花は直径2cmほどで、10個程度が集まって垂れ下がる。花には芳香がある。中国南部では夜来香と呼ばれるが、昼でもよく香る。花期は夏〜秋。
【栽培のポイント】
マンデビラ属（97頁）にほぼ準じるが、やや寒さに弱い。

キンリュウカ（ストロファンツス）属 (Strophanthus)【キョウチクトウ科】

ストロファンツス・グラッス　*Strophanthus gratus*

ストロファンツス・ディバリカツス　*Strophanthus divaricatus*

ストロファンツス・プレウシィー　*Strophanthus preussii*

【分布】熱帯アフリカ～南アフリカ、熱帯アジアに約38種が分布
【タイプ】寄りかかり　【最低温度】8～10℃
【日照条件】明るい温室内
【利用】鉢物または大型温室に地植え
【特徴】花は頂生または腋生の集散花序につく。花は漏斗形または盆形で、しばしば裂片の先がひも状に伸びてよじれる。花期は温室内では春～夏。強心配糖体を含み、有毒である。
【主な種類】
◆ストロファンツス・ディバリカツス（*S. divaricatus*）中国西南部、ベトナム、ラオス原産。やや低木状になり、茎は長さ1～3m。葉は長楕円形で、長さ3～10cm。花は黄色で、裂片先はひも状に伸び、長さ4～10cm。
◆ストロファンツス・グラッス（*S. gratus*）　和名：ニオイキンリュウカ　英名：climbing oleander　熱帯西アフリカ原産。茎は長さ8m以上になる。茎を切るとクリーム状のものが出る。葉は革質で、縁は波打ち、表面は濃緑色、裏面は赤紫色を呈す。花冠喉部に爪状鱗片があり、突出する。花は径5cmほどで、芳香があり、白色～桃色。
◆ストロファンツス・プレウシィー（*S. preussii*）熱帯西アフリカ原産。茎は長さ4mほどになる。葉は楕円形～長楕円形で、長さ5～12cm。花は淡黄色～淡橙色で、裂片先は30cm以上に伸びる。
【栽培のポイント】
マンデビラ属（97頁）にほぼ準じるが、やや寒さに弱い。

テイカカズラ（*Trachelospermum asiaticum*）【キョウチクトウ科】

テイカカズラ　*Trachelospermum asiaticum*

テイカカズラ'ハツユキカズラ'
Trachelospermum asiaticum 'Hatuyukikazura'

テイカカズラ'オウゴンニシキ'
Trachelospermum asiaticum 'Ougonnisiki'

【英名】Asiatic jasmine
【原産地】日本（東海地方以南）、朝鮮半島
【タイプ】付着根　【最低温度】−5〜0℃
【日照条件】明るい戸外
【利用】戸外に地植えまたは鉢植え
【特徴】茎は長さ6mほど。葉は楕円形〜長楕円形、長さ1〜7cm。花は白黄色で、径2cmほど。花期は初夏。右の写真のような葉に斑が入る園芸品種がよく使用され、開花はほとんど見られない。
【栽培のポイント】
丈夫で栽培上問題となることはない。茎から付着根を出すが、ほとんど付着することはないので、フェンスやパーゴラなどに誘引する。斑入りの園芸品種の茎はあまり伸びることはない。繁殖はさし木による

ツルニチニチソウ（*Vinca major*）【キョウチクトウ科】

ツルニチニチソウ　*Vinca major*

ツルニチニチソウ'バリエガタ'　*Vinca major* 'Variegata'

【英名】bigleaf periwinkle, greater periwinkle, large periwinkle
【原産地】南ヨーロッパ〜北アフリカ
【タイプ】匍匐茎　【最低温度】−5〜0℃
【日照条件】明るい〜やや明るい戸外
【利用】戸外に地植えまたは鉢物
【特徴】花をつけない茎は1m、花をつける茎は0.5mほどに伸びる。葉は卵形〜卵状披針形で、長さ3〜9cm。花は径4cmほどで、淡青色。花期は主として春〜夏。
【主な園芸品種】
写真のように、葉に斑が入る園芸品種が知られる。
【栽培のポイント】
丈夫で、半日陰でもよく育つ。グランドカバーとして、または鉢の縁取りなどに利用される。繁殖はさし木による。

CHAPTER 2　101

アルギレイア・ネルボサ（*Argyreia nervosa*）【ヒルガオ科】

アルギレイア・ネルボサ　*Argyreia nervosa*　右は花アップ

【異名】*A. speciosa, Convolvulus nervosus*
【英名】small wood rose, woodly morning glory
【原産地】インド北部　【タイプ】巻きつき茎
【最低温度】10〜12℃　【日照条件】明るい温室内
【利用】大型温室内に地植えまたは鉢植え
【特徴】茎は長さ10m以上になる。葉は心臓形で、長さ18〜27cm、表面は無毛で緑色、裏面は白色軟毛で覆われている。萼片は卵形で、花柄とともにビロード毛で覆われる。花は漏斗形、周辺が淡紫色で、喉部は濃く、径5〜6.5cmほど。花期は主として夏。
【栽培のポイント】
明るい場所を好む。成長期の5〜9月は用土の表面が乾けばたっぷりと水を与えるが、秋以降は徐々に水を控える。成長期は、1か月に1度、液体肥料を施す。

セイヨウヒルガオ属（*Convolvulus*）【ヒルガオ科】

コンボルブルス・サバティウス　*Convolvulus sabatius*

サンシキヒルガオ　*Convolvulus tricolor*

【英名】bindweed, morning glory
【分布】温帯から亜熱帯に約125種が分布
【タイプ】匍匐茎　【最低温度】0〜5℃
【日照条件】明るい戸外
【利用】戸外に地植えまたは鉢植え
【特徴】茎は匍匐または直立、ときにつる状となる。花は漏斗状。花期は初夏から夏。
【主な種類】
◆コンボルブルス・サバティウス（*C. sabatius*）　英名：blue rock bindweed, ground blue-convolvulus　イタリア、北アフリカ原産。茎は長さ20〜50cmほどで、匍匐する。葉は長楕円形〜卵形で、白毛が密生する。花は淡青色で、径1.5〜2cm。
◆サンシキヒルガオ（*C. tricolor*）　英名：dwarf convolvulus, dwarf morning glory　ヨーロッパ南西部原産。茎は長さ60cmほどで、ややよじ登る。葉は卵形。花は濃青色で、径2〜5cm。
【栽培のポイント】
前種はさし木、または株分けによる。後種は移植を嫌うので、種子により直播きする。

サツマイモ（イポメア）属 (*Ipomoea*)【ヒルガオ科】アサガオの仲間①

ヨウサイ　*Ipomoea aquatica*

モミジヒルガオ　*Ipomoea cairica*

ヤツデアサガオ　*Ipomoea cheirophylla*

ホザキアサガオ　*Ipomoea horsfalliae*

【英名】morning glory
【分布】熱帯から亜熱帯に約650種が分布
【タイプ】巻きつき茎　【最低温度】10～15℃
【日照条件】明るい戸外または温室内
【利用】鉢植えまたは戸外または温室内に地植え
【特徴】多くはつる性または匍匐性で、まれに低木状となる。花は主として漏斗形または鐘形、高盆形で、先は5裂する。花期は主として夏～晩秋。アサガオ（48頁）も参照。
【主な種類】
◆ヨウサイ（*I. aquatica*）　別名：クウシンサイ　英名：water spinach, water morning glory　中国南部原産。茎葉を野菜として利用する。茎は巻きつくか匍匐し、長さ2～3m。葉は楕円状卵形～長三角形、長さ5～15cm。花は白色で、径3～5cm。

◆モミジヒルガオ（*I. cairica*）　別名：モミジバアサガオ　英名：Cairo morning glory, coast morning glory　北アフリカ原産。茎は10m以上に伸びる。葉は掌状に5深裂し、長さ3～10cm。花は淡紅色で、径8～12cm。
◆ヤツデアサガオ（*I. cheirophylla*）　異名：*I. digitata*　熱帯に広く分布する。葉は掌状に5～7裂し、長さ15～20cm。花は淡赤紫色で、径7cmほど。
◆ホザキアサガオ（*I. horsfalliae*）　英名：Mrs. Horsfall's morning glory, cardinal's creeper　西インド諸島原産。茎は長さ8mほど。葉は掌状に3～5裂し、裂片は長さ4～10cm。花冠は高盆形で、先は5裂し、径4cmほど、筒部は長さ3.5cmほど。花色は鮮やかな赤色～赤紫色。
◆ノアサガオ（*I. indica*）　英名：blue dawn flower　熱帯に広く分布する。茎は長さ6mほど。葉は卵状心臓形～円形で、長さ5～17cm、全縁で、まれに3裂する。

サツマイモ（イポメア）属 *(Ipomoea)* 【ヒルガオ科】アサガオの仲間②

ノアサガオ　*Ipomoea indica*

イポメア・ロバタ'ジャングル・クイーン'　*Ipomoea lobata* 'Jungle Queen'

ハゴロモルコウ　*Ipomoea × multifida*

ルコウソウ　*Ipomoea quamoclit*

花冠は漏斗形で、径6～8cm。花色は青色、紫色まれに白色。緑のカーテン素材として利用される。
◆イポメア・ロバタ（*I. lobata*）　異名：*Mina lobata, Quamoclit lobata*　英名：Spanish flag　メキシコ原産。茎は長さ5mほど。葉は3裂する。花柄に多数の花が並んでつく。花は壺形で、赤から橙、黄、白に変色する。'ジャングル・クイーン'（'Jungle Queen'）がよく知られる。
◆ハゴロモルコウ（*I. × multifida*）　英名：cardinal climber　ルコウソウ（*I. quamoclit*）とマルバルコウソウ（*I. rubriflora*）との交雑種。ルコウソウに比べ、葉の裂片数が少ない。
◆イポメア・プルプレア（*I. purpurea*）　英名：common morning-glory　メキシコ原産。茎は長さ2.5mほど。葉は卵形～円形で、長さ2～10cm。花は径4cmほどで、青、紫、ピンク、赤、白色。
◆ルコウソウ（*I. quamoclit*）　異名：*Quamoclit vulgaris*　英名：cypress vine, star glory　熱帯アメリカ原産。茎は長さ3mほど。葉は羽状に深裂する。鮮やかな赤色の花は高盆形で、径2cmほど。
◆ソライロアサガオ（*I. tricolor*）　英名：morning glory　メキシコ、中央アメリカ原産。茎は長さ4mほど。葉は卵形で、長さ4～7cm。青色の花は径4～6cm。'ヘブンリー・ブルー'（'Heavenly Blue'）がよく栽培される。

【栽培のポイント】
よく日が当たる場所で管理する。成長期の5～9月は用土の表面が乾けばたっぷりと水を与える。成長期に、1か月に1度、液体肥料を施す。行灯仕立て、パーゴラやアーチなどに誘引する。緑のカーテンにも利用される。ヨウサイ、イポメア・ロバタ、ハゴロモルコウ、ルコウソウ、ソライロアサガオは種子繁殖で、他はさし木繁殖が可能である。

サツマイモ（イポメア）属 (*Ipomoea*)【ヒルガオ科】アサガオの仲間③

イポメア・プルプレア　*Ipomoea purpurea*

ソライロアサガオ 'ヘブンリー・ブルー'　*Ipomoea tricolor* 'Heavenly Blue'

スティクトカルディア (*Stictocardia macalusoi*)【ヒルガオ科】

スティクトカルディア　*Stictocardia macalusoi*

【異名】　*Ipomoea macalusoi*
【原産地】　オマーン、ケニア、ソマリア南部
【タイプ】　巻きつき茎
【最低温度】　15℃
【日照条件】　明るい温室内
【利用】　大型温室内に地植えまたは鉢植え

【特徴】茎は長さ8〜10mになる。葉は卵状円形で、長さ7〜11cmほど。花は葉腋に2〜数個がつき、鮮やかな緋色で、径6〜8cm。花期は夏〜冬。
【栽培のポイント】
繁殖は種子により、高温期に播種する。発芽適温は25℃程度。明るい温室内で管理する。

ケストラム属 (*Cestrum*) 【ナス科】 ヤコウボクの仲間

ケストラム・エレガンス　*Cestrum elegans*

ケストラム・オウランティアクム　*Cestrum aurantiacum*

【英名】lady of the night, night jasmine
【分布】熱帯アメリカに175種が分布
【タイプ】寄りかかり　【最低温度】5℃
【日照条件】明るい室内　【利用】鉢物
【特徴】葉腋、茎頂に総状花序をつける。花は高盆形で、先は5裂する。花期は夏～秋。

【主な種類】
◆ケストラム・オウランティアクム（*C. aurantiacum*）　英名：orange cestrum, orange-flowering jessamine, yellow cestrum　グアテマラ原産。茎は長さ2mほど。葉は楕円形～卵形、長さ7～10cm。花は長さ2.5cmほどで、橙黄色。
◆ケストラム・エレガンス（*C. elegans*）　異名：*C. purpureum*　メキシコ原産。茎は長さ3mほどで、枝先はたれ下がる。葉は披針形または長楕円状披針形で、長さ10～15cm。花は長さ3cmほどで、紫紅色。
【栽培のポイント】
明るい場所を好む。成長期の5～9月は用土の表面が乾けばたっぷりと水を与えるが、秋以降は徐々に水を控える。低温期には室内の明るい場所に取り込む。成長期は、1か月に1度、液体肥料を施す。繁殖はさし木による。

マーマレードノキ (*Streptosolen jamesonii*) 【ナス科】

マーマレードノキ　*Streptosolen jamesonii*

【異名】*Browallia jamesonii*
【英名】marmalade bush, orange browallia, firebush, yellow heliotrope
【原産地】コロンビア、ペルー
【タイプ】寄りかかり
【最低温度】10℃
【日照条件】明るい室内
【利用】鉢物
【特徴】茎は長さ1～2mになる。茎は細く、他物に寄りかかって生育する。花は頂生の花序につく。花は漏斗形で、橙黄色、径1cmほど。花色が黄色の個体もある。花期は冬～春。
【栽培のポイント】
ケストラム属（上段）にほぼ準じる。

ラッパバナ（ソランドラ）属 (Solandra)【ナス科】 ラッパバナの仲間

ラッパバナ　*Solandra grandiflora*

ナガラッパバナ　*Solandra longiflora*

ソランドラ・マキシマ　*Solandra maxima*　右は花アップ

【英名】chalice vines
【分布】熱帯アメリカに10種が分布
【タイプ】寄りかかり
【最低温度】5℃
【日照条件】明るい室内
【利用】大型温室内に地植えまたは鉢植え
【特徴】葉の表面には光沢がある。花は腋生で単生し、大きくラッパ状で、先は5裂する。蕾は風船状に膨らむ。花期は初夏〜秋。
【主な種類】
◆ラッパバナ（*S. grandiflora*）　英名：showy chalicevine　ジャマイカ、プエルトリコ、小アンティル諸島原産。茎は長さ5mほどになる。葉は長楕円状卵形で、長さ6〜12cm。白色の花は長さ18〜25cm。萼は花の半分程度である。

◆ナガラッパバナ（*S. longiflora*）　ジャマイカ、キューバ原産。茎は長さ3〜5m。葉は卵状楕円形で、長さ10cmほど。花は白色〜淡黄色で、長さ30cmほど。ラッパバナに似るが、萼が花の長さの半分以下であることで区別できる。
◆ソランドラ・マキシマ（*S. maxima*）　英名：Golden chalice vine, cup of gold　メキシコ〜コロンビア、ベネズエラ原産。葉は楕円形。花は茎頂付近の葉腋に1〜数個つき、径20cmほどで、芳香を放つ。花は長さ20cmほど。花色は初め白色を帯び、翌朝に濃黄色になる。花内部に5本の紫色の条線が入る。
【栽培のポイント】
温室内の明るい場所に地植えする。成長期の5〜9月は用土の表面が乾けばたっぷりと水を与えるが、秋以降は徐々に水を控える。成長期は、1か月に1度、液体肥料を施す。繁殖はさし木による。

ナス（ソラナム）属 (*Solanum*)【ナス科】 ツルハナナスの仲間

ツルハナナス　*Solanum jasminoides*

ツルハナナス'バリエガタ'　*Solanum jasminoides* 'Variegata'

ルリイロツルナス　*Solanum seaforthianum*

ソラナム・ウェンドランディー　*Solanum wendlandii*

【英名】night-shade
【分布】世界の熱帯から温帯に約1400種が分布し、特に南アメリカに多い
【タイプ】寄りかかり、引っかかり
【最低温度】0～5℃
【日照条件】明るい戸外または室内
【利用】鉢物または温室内に地植え
【特徴】葉は多くは単葉だが、ときに羽状に深裂、または複葉となる。花は車形または鐘形で、先は5裂する。花期は初夏～秋。
【主な種類】
◆ツルハナナス（*S. jasminoides*）　英名：potato vine　ブラジル原産。茎は長さ10m以上になる。葉は羽状に3～5深裂する。花は白色で、径2.5cmほど。暖地では戸外で越冬できる。'バリエガタ'（'Variegata'）は葉に不規則な淡黄色の斑が入る。

◆ルリイロツルナス（*S. seaforthianum*）　英名：Brazilian nightshade, star potato vine　茎は長さ6mほど。葉は羽状複葉、上部では単葉になる。花は垂れ下がる集散花序に多数つく。花は星形で、径2cmほど。花色は特徴ある青紫色。葯の黄色が目立つ。
◆ソラナム・ウェンドランディー（*S. wendlandii*）　英名：giant potato creeper　コスタリカ原産。茎は長さ5m以上になり、鉤状の刺がある。上部の葉は卵状楕円形で小さく単葉、大きな葉は長さ15～25cmで羽状に中裂する。花は垂れ下がった集散花序につき、青紫色で、径8cmほどと大きい。
【栽培のポイント】
ツルハナナスは暖地では戸外でも越冬できる。成長期の5～9月は用土の表面が乾けばたっぷりと水を与えるが、秋以降は徐々に水を控える。成長期は、1か月に1度、液体肥料を施す。繁殖はさし木による。

コバノランタナ（*Lantana montevidensis*）【クマツヅラ科】

コバノランタナ　*Lantana montevidensis*

【英名】trailing lantana, weeping lantana, creeping lantana, small lantana, purple lantana , trailing shrub verbena
【原産地】南アメリカ
【タイプ】匍匐茎または寄りかかり
【最低温度】0℃　【日照条件】明るい戸外
【利用】鉢物または花壇に地植え
【特徴】茎は匍匐状に1mほどに伸び、グランドカバーとして利用される。葉は卵形〜長楕円形で、微軟毛を生じ、長さ3.5cmほどとなり、ランタナに比べて小さい。花は淡紅紫色〜紫色。花期は初夏〜秋。
【栽培のポイント】
暖地では戸外でも越冬できる。成長期の5〜9月は用土の表面が乾けばたっぷりと水を与える。成長期は、1か月に1度、液体肥料を施す。繁殖はさし木による。

ペトレア（*Petrea volubilis*）【クマツヅラ科】

ペトレア　*Petrea volubilis*

【英名】purple wreath, sandpaper vine
【原産地】中央アメリカ、小アンティル諸島
【タイプ】巻きつき茎　【最低温度】8〜10℃
【日照条件】明るい温室内
【利用】鉢物または温室内に地植え
【特徴】茎は長さ12mほど。葉は楕円形で、長さ5〜20cm、表面はサンドペーパーのようにざらつく。萼は薄紫色で裂片は2cmほど。萼は開花後も宿存し、色あせて、大きくなり、果実散布に役立つ。花は径1cmほどで、濃紫青色。花期は初夏〜夏。
【栽培のポイント】
温室内の明るい場所で栽培する。成長期の5〜9月は用土の表面が乾けばたっぷりと水を与えるが、秋以降は徐々に水を控える。

ソケイ（ジャスミヌム）属（*Jasminum*）【モクセイ科】①

ソケイ　*Jasminum grandiflorum*

オオシロソケイ　*Jasminum laurifolium* var. *laurifolium*

CHAPTER 2　109

ソケイ (ジャスミヌム) 属 (*Jasminum*) 【モクセイ科】②

ボルネオソケイ　*Jasminum multiflorum*

シロモッコウ'フィオナ・サンライズ'　*Jasminum officinale* 'Fiona Sunrise'

ジャスミヌム・ノビレ　*Jasminum nobile*

【英名】jasmine, jessamine
【分布】旧大陸の熱帯から暖地に200〜250種が分布
【タイプ】巻きつき茎、寄りかかり、下垂茎
【最低温度】0〜10℃
【日照条件】明るい戸外または温室
【利用】戸外または温室内に地植えまたは鉢植え
【特徴】茎は長さ1〜4mほどに伸び、巻きつきか、弓状に下垂する。葉は対生または互生し、単葉または3小葉あるいは奇数羽状複葉。花は集散花序につき、まれに単生する。花期は早春〜初夏。
【主な種類】
◆ソケイ (*J. grandiflorum*)　別名:タイワンソケイ　英名: Catalan jasmine, royal jasmine, Spanish jasmine　南アジア、アラビア半島、北アフリカ原産。茎は下垂または寄りかかる。茎頂に集散状に5〜6花をつける。花は白色で、径約3.5cm、芳香がある。精油のジャスミンの主原料。

◆オオシロソケイ (*J. laurifolium* var. *laurifolium*)　異名: *J. nitidum*　英名: angel wing jasmine　南太平洋のアドミラルティ諸島原産。茎は下垂または寄りかかる。花は白色で約4cm、芳香があり、数個が茎頂につく。耐寒性がなく、温室内で栽培する。

◆ボルネオソケイ (*J. multiflorum*)　英名: Indian jasmine, star jasmine, winter jasmine　インド、東南アジア原産。茎は下垂または寄りかかる。葉は単葉。花は白色で径約4cm、芳香があり、茎頂に数個がまとまってつく。

◆ジャスミヌム・ノビレ (*J. nobile*)　異名: *J. rex*　タイ原産。茎は巻きつき茎。葉は対生し、単葉。花は白色で

ソケイ（ジャスミヌム）属 (*Jasminum*)【モクセイ科】③

ハゴロモジャスミン　*Jasminum polyanthum*

ハゴロモジャスミン'バリエガタ'　*Jasminum polyanthum* 'Variegata'

マツリカ　*Jasminum sambac*

香りはなく、径6cmほどで、本属中、最も大きいとされる。耐寒性はなく、温室内で栽培される。

◆シロモッコウ（*J. officinale*）　別名：ペルシアソケイ　英名：common jasmine, jasmine　中国南部～インド、イラク原産。茎は巻きつき茎。葉は対生し、奇数羽状複葉。花は白色で、芳香があり、径2.5cm。花から精油を採る。'フィオナ・サンライズ'（'Fiona Sunrise'）は、葉が黄色みを帯び、よく栽培される。

◆ハゴロモジャスミン（*J. polyanthum*）　英名：pink jasmine, white jasmine　中国南西部原産。茎は巻きつき茎。葉は奇数羽状複葉。花は白色、ときに外側が桃紫色となり、強い芳香を放ち、茎頂に30～40個がまとまってつく。やや寒さに弱いが、暖地では戸外で越冬できる。'バリエガタ'（'Variegata'）は、葉に白色～淡桃紫色の斑が入る。

◆マツリカ（*J. sambac*）　別名：モウリンカ　英名：Arabian jasmine　ブータン、インド、パキスタン原産。茎は寄りかかるか下垂する。葉は単葉で、対生または3輪生する。花は白色で、芳香があり、茎頂に数個つく。半八重咲き、八重咲きのものが知られる。半八重咲きの花は、中国、台湾でジャスミン茶の香りづけに用いられる。

【栽培のポイント】

オオシロソケイ、ボルネオソケイ、ジャスミヌム・ノビレ、マツリカは、冬期は温室内で管理する。成長期の5～9月は用土の表面が乾けばたっぷりと水を与えるが、秋以降は徐々に水を控える。成長期に、1か月に1度、液体肥料を施す。繁殖はさし木による。

ナガミカズラ（エスキナンサス）属 (*Aeschynanthus*)【イワタバコ科】①

エスキナンサス・アンダーソニー　*Aeschynanthus andersonii*
（タイ・プールアン野生生物保護区にて）

エスキナンサス・フルゲンス　*Aeschynanthus fulgens*
（タイ・プールアン野生生物保護区にて）

エスキナンサス・ロンギフロルス　*Aeschynanthus longiflorus*

エスキナンサス・プルケル　*Aeschynanthus pulcher*

【英名】basket plant, blushwort
【分布】インドから東部熱帯アジアに約160種が分布し、日本にも西表島に1種が分布
【タイプ】下垂茎
【最低温度】5～10℃
【日照条件】明るい室内
【利用】鉢植え、ハンギングバスケット
【特徴】樹木に着生し、茎の多くは垂れ下がるか、斜上する。葉は多肉質で、対生または3～4輪生する。花は葉腋に1～2個つくか、茎頂に数個～十数個つく。萼は筒状または鐘状で目立つ。花冠は筒部があり、2唇形。花期は不定。
【主な種類】
◆エスキナンサス・アンダーソニー（*A. andersonii*）　異名：*A. hildebrandtii*　ミャンマー原産。葉は長披針形。花は茎頂や上部に葉腋に8個ほどつく。花冠は橙赤色地に褐色の条線が縦に走る。
◆エスキナンサス・フルゲンス（*A. fulgens*）　異名：*A. evrardii*　マレーシア原産。茎は比較的太く、やや直立気味に伸長する。葉は長楕円形。花は葉腋につくか、茎頂に10～15個がつく。花冠は鮮橙色。
◆エスキナンサス・ロンギフロルス（*A. longiflorus*）　マレーシア原産。茎は斜上またはやや直立する。葉は広披針形。花は茎頂に2～数個が上向きにつく。花冠は深紅色で、喉部に黄赤色の斑が入る。
◆エスキナンサス・プルケル（*A. pulcher*）　英名：lipstick plant, red bugle vine　ジャワ島原産。茎は細く、垂れ下がる。葉は広卵形。花は茎頂に、数個がつく。花冠は深

ナガミカズラ（エスキナンサス）属 (Aeschynanthus)【イワタバコ科】②

エスキナンサス・ラディカンス　*Aeschynanthus radicans*

エスキナンサス・トリカラー　*Aeschynanthus tricolor*

エスキナンサス・スペキオスス　*Aeschynanthus speciosus*

赤色。

◆エスキナンサス・ラディカンス（*A. radicans*）英名：lipstick plant　マレーシア原産。茎は細く、垂れ下がる。葉は卵形、楕円形〜倒卵形。花は茎頂に8〜10個つく。花冠は緋紅色で、裂片基部に黄色の斑がある。

◆エスキナンサス・スペキオスス（*A. speciosus*）英名：basket plant　マレーシア原産。茎は比較的太く、斜上する。葉は卵状披針形〜長楕円形。花は茎頂に数個〜十数個つく。花冠は橙黄色で、先に向うにつれて橙赤色になり、裂片内部に黒赤色の斑が入る。

◆エスキナンサス・トリカラー（*A. tricolor*）ボルネオ原産。茎は細く、垂れ下がる。葉は長楕円形。花は茎頂または葉腋に2〜数個がつく。花冠は濃赤色で、喉部は橙色、上唇の裂片に黒色の条線が入る。

【栽培のポイント】
5月中旬から9月は戸外の涼しい半日陰で管理する。10月に室内の明るい場所に取り込む。栽培適温は20〜25℃。成長期の5〜9月は、用土の表面が乾けばたっぷりと与えるが、過湿は嫌う。秋以降は水を控える。高温乾燥期には葉水を行ない、空中湿度を保つ。成長期の5〜9月には、2回ほど緩効性肥料を施す。さらに、月に1度、薄い液体肥料を水やり代わりに与える。

下葉が落ちたり、葉色が悪くなったりしているものは、5月下旬〜6月に新しい用土に植え替える。茎は株元近くまで切り戻し、古い用土は1/3ほど落とす。用土は水苔やヤシがらチップの単用または、ピートモス、鹿沼土、バーミキュライトの等量混合用土などを用いる。繁殖はさし木による。

コドナンテ属 (Codonanthe)【イワタバコ科】

コドナンテ・カルノサ　*Codonanthe carnosa*

コドナンテ・グラキリス　*Codonanthe gracilis*　下は果実

【分布】熱帯アメリカに約20種が分布
【タイプ】下垂茎　【最低温度】5～10℃
【日照条件】明るい室内
【利用】鉢物、ハンギングバスケット
【特徴】着生植物で、茎は垂れ下がる。多肉質の葉は対生する。花冠は鐘状または漏斗状。花期は不定。
【主な種類】
◆コドナンテ・カルノサ（*C. carnosa*）　ブラジル南部原産。葉は楕円形～卵形。花は葉腋に数個つく。花冠は白色で、喉部は黄色。
◆コドナンテ・グラキリス（*C. gracilis*）　ブラジル南部原産。茎はよく伸び、垂れ下がる。葉は楕円形～披針形。花は葉腋につく。花冠は白色で、喉部は紫色。果実は橙色。
【栽培のポイント】
ナガミカズラ（エスキナンサス）属（112頁）にほぼ準じる。

コルムネア属 (Columnea)【イワタバコ科】①

コルムネア・ヒルタ　*Columnea hirta*

コルムネア・ミクロカリックス'プルプレア'　*Columnea microcalyx* 'Purpurea'

コルムネア属 (Columnea)【イワタバコ科】②

コルムネア・ミクロフィラ　*Columnea microphylla*

コルムネア・ミノール　*Columnea minor*

コルムネア・エルステッティアナ　*Columnea oerstediana*

コルムネア'スタバンガー'　*Columnea* 'Stavanger'

【英名】flying goldfish plants
【分布】熱帯アメリカに 200 種以上が分布
【タイプ】下垂茎　【最低温度】10〜13℃
【日照条件】明るい室内
【利用】鉢物、ハンギングバスケット
【特徴】着生植物で、茎は斜上または垂れ下がる。葉は対生または輪生する。花冠は筒状で先は 2 唇状。
【主な種類】
◆コルムネア・ヒルタ（*C. hirta*）　コスタリア、パナマ原産。茎はやや垂れ下がり、紫赤色の毛がある。花は朱赤色で、毛がある。花期は主に春〜初夏。
◆コルムネア・ミクロカリックス（*C. microcalyx*）　異名：*C. gloriosa*　中央アメリカ原産。茎は細く垂れ下がり、毛が密生する。花は緋紅色地に、喉部と筒部が黄色。'プルプレア'（'Purpurea'）は、葉が紫褐色を帯びる。花期は不定。
◆コルムネア・ミクロフィラ（*C. microphylla*）　コスタリカ原産。茎は細く垂れ下がり、赤褐色の毛がある。花は緋紅色地に、喉部と筒部が黄色。花期は春。
◆コルムネア・ミノール（*C. minor*）　異名：*Trichantha minor*　エクアドル、コロンビア原産。葉は長さ 8cm ほどで、毛が密生する。萼には縁毛が生じる。花期は冬。
◆コルムネア・エルステッティアナ（*C. oerstediana*）　コスタリカ、パナマ原産。茎は細く垂れ下がる。花は橙赤色。花期は早春。
◆コルムネア'スタバンガー'（*C.* 'Stavanger'）　茎は細く垂れ下がる。花は朱赤色で、喉部が黄色。花期は早春。
【栽培のポイント】
5 月中旬から 9 月は戸外の涼しい半日陰で管理する。10 月に室内の明るい場所に取り込む。栽培適温は 23〜25℃。冬は 10〜13℃以上に保つ。繁殖はさし木により、発根は容易である。他はナガミカズラ（エスキナンサス）属（112 頁）にほぼ準じる。

アルソビア・ディアンティフロラ（Alsobia dianthiflora）【イワタバコ科】

【異名】*Episcia dianthiflora*
【英名】lace flower vine
【原産地】コスタリカ、メキシコ
【タイプ】下垂茎
【最低温度】10℃
【日照条件】明るい室内
【利用】鉢物、ハンギングバスケット
【特徴】着生植物で、匍匐茎が垂れ下がる。葉は長さ2〜3cmで、粗い鋸歯がある。花は白色で、裂片の片縁は細く切れ込む。花期は初夏〜夏。
【栽培のポイント】
ナガミカズラ（エスキナンサス）属（112頁）にほぼ準じる。

アルソビア・ディアンティフロラ　*Alsobia dianthiflora*

パキカウロス（Pachycaulos nummularia）【イワタバコ科】

【異名】*Hypocyrta nummularia, Neomortonia nummularia*
【原産地】コロンビア、パナマ、コスタリカ
【タイプ】下垂茎
【最低温度】10℃
【日照条件】明るい室内
【利用】鉢物、ハンギングバスケット
【特徴】着生植物で、茎は細く、長さ60cmほどに伸び、垂れ下がる。葉は対生し、卵形〜広楕円形で、長さ3cmほど。花は壺形で、橙赤色地に、喉部は黒褐色、先端は黄色。花期は冬〜春。
【栽培のポイント】
ナガミカズラ（エスキナンサス）属（112頁）にほぼ準じる。

パキカウロス　*Pachycaulos nummularia*

ネマタンサス属（Nematanthus）【イワタバコ科】①

ネマタンサス・クラッシフォリウス　*Nematanthus crassifolius*

ネマタンサス・グレガリウス　*Nematanthus gregarius*

ネマタンサス属（*Nematanthus*）【イワタバコ科】②

ネマタンサス・ストロギロスス　*Nematanthus strigillosus*

ネマタンサス 'ビジョウ'　*Nematanthus* 'Bijou'

ネマタンサス 'ブラック・マジック'　*Nematanthus* 'Black Magic'

ネマタンサス 'ラッキー・ストライク'　*Nematanthus* 'Lucky Strike'

【英名】goldfish plant
【分布】南アメリカに約30種が分布
【タイプ】下垂茎、付着根
【最低温度】8～10℃
【日照条件】明るい室内
【利用】鉢物、ハンギングバスケット
【特徴】着生植物で、茎は直立、または長く伸びて垂れ下がる。花は基部が壺状に膨れる。花期は周年。
【主な種類】
◆ネマタンサス・クラッシフォリウス（*N. crassifolius*）南アメリカ東部原産。茎は垂れ下がるか、よじ登る。花柄が20cmほどと長くて垂れ下がり、長さ5cmほどの明赤色の花をつける。
◆ネマタンサス・グレガリウス（*N. gregarius*）南アメリカ東部原産。茎は斜上または垂れ下がる。花は橙色で、長さ1.5cmほど。
◆ネマタンサス・ストロギロスス（*N. strigillosus*）茎は垂れ下がるかよじ登る。花は赤橙色で、微毛を密生する。
◆ネマタンサス 'ビジョウ'（*N.* 'Bijou'）葉の裏面に赤色斑が入り、桃赤色の花が長く下垂する花柄につく。
◆ネマタンサス 'ブラック・マジック'（*N.* 'Black Magic'）赤色の花が長く下垂する花柄につく。
◆ネマタンサス 'ラッキー・ストライク'（*N.* 'Lucky Strike'）花は本属には珍しく黄色。
【栽培のポイント】
ナガミカズラ（エスキナンサス）属（112頁）にほぼ準じる。

アサリナ（*Maurandya scandens*）【オオバコ科】

アサリナ'ミステック・ローズ'　*Maurandya scandens* 'Mystic Rose'

【異名】*Asarina scandens*
【英名】climbing snapdragon
【原産地】メキシコ　【タイプ】巻きひげ
【最低温度】5℃　【日照条件】明るい戸外
【利用】戸外に地植えまたは鉢植え
【特徴】茎は細く、3mほどに伸び、巻きひげ（葉柄または花柄）でよじ登る。葉は三角形またはほこ形で、長さ3cmほど。花は2唇形で、長さ4〜5cm。
【主な園芸品種】'ミステック・ローズ'（'Mystic Rose'）がよく知られ、花はピンク色。花期は初夏〜秋。
【栽培のポイント】
種子繁殖により5月中旬頃に播種する。日のよく当たる戸外に定植すると晩秋まで楽しめる。さし木も可能で、よく発根する。

ロドキトン（*Rhodochiton atrosanguineum*）【オオバコ科】

ロドキトン　*Rhodochiton atrosanguineum*

【異名】*R. volubile*
【英名】purple bell vine, purple bellerine
【原産地】メキシコ　【タイプ】巻きひげ
【最低温度】5℃　【日照条件】明るい戸外または温室
【利用】戸外または温室内に鉢植えまたは地植え
【特徴】茎は細く、長さ6m以上に伸び、巻きひげ（葉柄または花柄）でよじ登る。葉は基部が心臓形で、長さ4cmほど。花は糸状で垂れ下がる花柄の先につく。萼は赤褐色で星状に開く。花冠は黒紫色。花期は夏。
【栽培のポイント】
耐寒性がないので、冬期に温室内で播種し、5月下旬以降に、戸外または温室内に鉢植えまたは地植えする。さし木でも繁殖でき、よく発根する。

キバナヨウラク（*Gmelina philippensis*）【シソ科】

キバナヨウラク　*Gmelina philippensis*　左下は果実

【異名】*G. hystrix*
【英名】parrot's beak, wild sage
【原産地】インド、フィリピン
【タイプ】引っかかり
【最低温度】10〜12℃
【日照条件】明るい温室内
【利用】温室内に地植えまたは鉢植え
【特徴】若い枝には刺があり、他物に引っかかる。下垂する総状花序の苞の腋に花をつける。苞は広卵形で、褐色の脈が入る。花は仮面状で、先は4裂し、黄色。花期は夏。果実は肉質で、長さ2.5cmほど。
【栽培のポイント】
日のよく当たる温室内に地植えまたは鉢植えする。繁殖はさし木による。鉢植えで管理することも可能。

クレロデンドラム属 (*Clerodendrum*)【シソ科】 ゲンペイカズラの仲間

ベニゲンペイカズラ　*Clerodendrum × speciosum*

クレロデンドラム・スプレンデンス　*Clerodendrum splendens*

ゲンペイカズラ　*Clerodendrum thomsoniae*

フイリゲンペイカズラ　*Clerodendrum thomsoniae* 'Variegata'

【分布】主としてアジアおよびアフリカの熱帯、温帯に約250種が分布
【タイプ】巻きつき茎
【最低温度】10℃
【日照条件】明るい温室内
【利用】温室内に地植えまたは鉢植え
【特徴】低木～高木のものもあるが、本書では巻きつき茎をもつ種類を扱う。花は漏斗形のものが多い。花期は主として初夏～秋。
【主な種類】
◆ベニゲンペイカズラ（*C. × speciosum*）　英名：Java glory bean　後述のゲンペイカズラとクレロデンドラム・スプレンデンスとの交雑種。萼は開花時には淡紅色。
◆クレロデンドラム・スプレンデンス（*C. splendens*）熱帯アフリカ原産。集散花序は径10～15cm、多数の花をつける。花は径2cm、深紅色。
◆ゲンペイカズラ（*C. thomsoniae*）　英名：bag flower, bleeding heart vine　熱帯西アフリカ原産。若い茎の断面は四角形。葉は長さ12～15cm。花は頂生または腋生の集散花序に8～20個がつく。白色の萼は目立ち、先は5裂。花冠は深赤色で、径2cmほど。和名のゲンペイカズラは萼と花冠の色から源平を連想したものとされる。フイリゲンペイカズラ 'Variegata' は、葉に不規則な黄白色斑が入る。

【栽培のポイント】
本書で紹介したものは耐寒性が弱く、冬期は10℃以上に保つ。鉢植えしたものは5月下旬から10月までは、戸外の半日陰でも管理できるが、秋以降は明るい温室内で管理する。成長期の5～9月は、用土の表面が乾けばたっぷりと与える。秋以降は水を控える。繁殖はさし木による。

ヤハズカズラ（ツンベルギア）属 (*Thunbergia*)【キツネノマゴ科】①

ヤハズカズラ　*Thunbergia alata*

ヤハズカズラ　*Thunbergia alata*

ベンガルヤハズカズラ　*Thunbergia grandiflora*

ベンガルヤハズカズラ'アルバ'　*Thunbergia grandiflora* 'Alba'

【英名】clockvine
【分布】アフリカ、マダガスカル、熱帯アジアに約90種が分布
【タイプ】巻きつき茎　【最低温度】5～10℃
【日照条件】明るい温室内または戸外
【利用】鉢植えまたは温室内に地植え
【特徴】茎は長さ2～8mになる低木またはつる植物。本書ではつる植物のみ解説する。花は葉腋に単生、または茎頂の総状花序につく。花冠は左右対称の漏斗状～鐘状で、花筒部は湾曲する。苞は2個で大きく、花筒下部を包む。花期は主として早春～秋。
【主な種類】
◆ヤハズカズラ（*T. alata*）　英名：black-eyed Susan, black-eyed Susan vine　熱帯アフリカ原産。葉柄には翼がある。花は径3～4cm、橙黄色～黄色または白色で、喉部がふつう黒紫色となる。
◆ベンガルヤハズカズラ（*T. grandiflora*）　英名：Bengal clockvine, blue skyflower　インド北部原産。葉は角張った心臓形。花は青紫色で、径6～8cm。白色花の'アルバ'（'Alba'）、葉が白覆輪となる'バリエガタ'（'Variegata'）

が知られる。
◆ツンベルギア・グレゴリー（*T. gregorii*）　熱帯アフリカ原産。茎葉に微細毛。花は径4cmほど、濃橙黄色。葉柄には翼はない。
◆ローレルカズラ（*T. laurifolia*）　英名：laurel clockvine　ミャンマー、タイ、マレー半島原産。ベンガルヤハズカズラ（*T. grandiflora*）に似るが、葉が全縁であることから区別できる。
◆ツンベルギア・マイソレンシス（*T. mysorensis*）　英名：Mysore trumpetvine, Indian clock vine　インド南部原産。花は垂れ下がる総状花序につき、径約4cmで、大きく開いた花筒内部は濃黄色。
◆ツンベルギア'アウガスツス・ブルー'（*T.* 'Augustus Blue'）　来歴不明であるが、ベンガルヤハズカズラ（*T. grandiflora*）によく似ており、濃紫青色の大きな花を咲かせる。
◆ツンベルギア'サンダンス'（*T.* 'Sundance'）　ヤハズカズラ（*T. alata*）に似るが、花冠が鮮明黄色で、裂片の先が切頭となる点で区別できる。生育は旺盛で、温度があれば周年開花する。

ヤハズカズラ（ツンベルギア）属 (*Thunbergia*)【キツネノマゴ科】②

ツンベルギア・グレゴリー　*Thunbergia gregorii*

ローレルカズラ　*Thunbergia laurifolia*

ツンベルギア・マイソレンシス　*Thunbergia mysorensis*

ツンベルギア'アウガスツス・ブルー'　*Thunbergia* 'Augustus Blue'

ツンベルギア'サンダンス'　*Thunbergia* 'Sundance'

【栽培のポイント】
明るい場所で栽培し、行灯仕立てで栽培する。大型になるベンガルヤハズカズラなどは、温室内でパーゴラなどに誘引される。乾燥には強く、過湿を嫌う。排水のよい土壌を好む。繁殖はさし木によるが、ヤハズカズラは種子繁殖が可能である。

レッド・トランペット・バイン（*Amphilophium buccinatorium*）【ノウゼンカズラ科】

レッド・トランペット・バイン　*Amphilophium buccinatorium*

【異名】*Distictis buccinatoria, Phaedranthus buccinatorius*
【英名】Mexican blood-trumpet, red trumpet
【原産地】メキシコ　【タイプ】巻きひげ
【最低温度】5〜8℃
【日照条件】明るい温室内または戸外
【利用】明るい温室内に地植え
【特徴】茎は長さ7〜8mになる。葉は3出複葉で、小葉の1個が3裂する巻きひげとなる。小葉は卵形〜披針形で、革質、長さ10cm。花は茎頂に数花つける。花冠はトランペット状で、長さ8〜10cm、先は5裂する。花色は特色ある橙赤色で、筒部内部は黄色みを帯びる。花期は初夏〜秋。
【栽培のポイント】
ヤハズカズラ（ツンベルギア）属（120頁）にほぼ準じる。

ツリガネカズラ属（*Bignonia*）【ノウゼンカズラ科】

ツリガネカズラ　*Bignonia capreolata*

ビグノニア・マグニフィカ　*Bignonia magnifica*

【分布】熱帯アメリカに28種が分布　【タイプ】巻きひげ、吸盤
【最低温度】0〜10℃　【日照条件】明るい戸外または温室内
【利用】明るい戸外または温室内に地植え
【特徴】茎は5〜10mになる。葉は3出複葉で、小葉の1個が3裂する巻きひげとなる。花冠は漏斗状で、先は5裂する。
【主な種類】
◆ハリミノウゼン（*B. callistegioides*）　異名：*Clytostoma callistegioides*　ブラジル南部、アルゼンチン原産。花は茎頂に2個まれに3〜4個つける。花径は7cmほど。花色は淡紫色に紫色の条線が入る。花期は春〜初夏。
◆ツリガネカズラ（*B. capreolata*）　別名：カレーバイン　英名：crossvine　アメリカ合衆国南部原産。巻きひげの先端は吸盤となって他物に吸着する。橙赤色の花は径4〜5cm。花期は春〜初夏。
◆ビグノニア・マグニフィカ（*B. magnifica*）　異名：*Saritaea magnifica*　コロンビア、エクアドル原産。花は葉腋に通常4個つき、径7〜9cm。花色は紫赤色で、喉部は白色。開花当初は濃色で、その後、色があせてくる。温室で栽培すると、年に数回開花する。
【栽培のポイント】ヤハズカズラ（ツンベルギア）属（120頁）にほぼ準じる。

ハリミノウゼン　*Bignonia callistegioides*

ノウゼンカズラ属（Campsis）【ノウゼンカズラ科】

ノウゼンカズラ　*Campsis grandiflora*

アメリカノウゼンカズラ　*Campsis radicans*

【英名】trumpet creeper, trumpet flower
【分布】東アジア、北アメリカ　【タイプ】付着根
【最低温度】−5〜0℃　【日照条件】明るい戸外
【利用】明るい戸外に地植えし、パーゴラなどに誘引する
【特徴】茎は長さ10m以上に伸びる。葉は奇数羽状複葉で、小葉には鋸歯がある。花冠は漏斗形で、先は5裂する。花期は夏〜秋。
【主な種類】
◆ノウゼンカズラ（*C. grandiflora*）英名：Chinese trumpet vine　中国の中部〜南部原産。花は新梢先の円錐花序につき、径6〜7cmほどで、外面が橙赤色、内面が朱黄色。
◆アメリカノウゼンカズラ（*C. radicans*）英名：trumpet creeper, trumpet vine　北アメリカ東南部原産。ノウゼンカズラに似るが、花色が濃橙色で、花冠筒部が長いことで区別できる。
【栽培のポイント】
しっかりした支柱に誘引する。繁殖はさし木による。

ネコノツメ（*Dolichandra unguis-cati*）【ノウゼンカズラ科】

ネコノツメ　*Dolichandra unguis-cati*

【異名】*Doxantha unguis-cati, Macfadyena unguis-cati*
【英名】cats claw creeper, cat's claw trumpet
【原産地】メキシコ、西インド諸島〜アルゼンチン
【タイプ】巻きひげ　【最低温度】0〜5℃
【日照条件】明るい戸外
【利用】温暖な明るい戸外に地植えする
【特徴】茎は10〜20mになる。葉は3出複葉で、小葉の1個が先端が3裂する巻きひげとなり、和名、英名の由来となっている。鮮黄色の花冠は漏斗状で、先は5裂する。花期は初夏〜夏。
【栽培のポイント】
明るい環境を好むので、温室内では開花しにくい。暖地であれば戸外に地植えするとよい。繁殖はさし木。

CHAPTER 2　123

ニンニクカズラ（*Mansoa alliacea*）【ノウゼンカズラ科】

ニンニクカズラ　*Mansoa alliacea*

【異名】*Pseudocalymma alliaceum*
【英名】garlic vine, wild garlic
【原産地】熱帯アメリカ
【タイプ】巻きひげ
【最低温度】8～10℃
【日照条件】明るい温室内
【利用】鉢物または温室内に地植え
【特徴】茎は4～5m以上に伸びる。小葉は卵形～楕円形で、長さ5～10cm。花は数～20数個が房状につく。花冠は漏斗形で、先は5裂する。当初、花色は紫紅色で、次第に色あせる。喉部は白色を帯びる。葉や花をもむとニンニクのような臭いがある。
【栽培のポイント】
鉢に植え、行灯仕立てで管理する。繁殖はさし木による。

パンドレア（*Pandorea jasminoides*）【ノウゼンカズラ科】

パンドレア　*Pandorea jasminoides*

【和名】ソケイノウゼン
【英名】bower plant
【原産地】オーストラリア北東部
【タイプ】巻きつき茎
【最低温度】0～5℃
【日照条件】明るい室内または戸外
【利用】鉢物
【特徴】茎は長さ5mほどになる。葉は小葉5～9枚からなる奇数羽状複葉。花は茎頂に数個つける。花冠は漏斗状で、先は5裂し、径5cmほどになる。花色は白色～淡桃色で、喉部は濃紅色。花期は初夏～秋。
【栽培のポイント】
鉢に植え、行灯仕立てで管理する。繁殖はさし木による。

ピンクノウゼンカズラ（*Podranea ricasoliana*）【ノウゼンカズラ科】

ピンクノウゼンカズラ　*Podranea ricasoliana*

【異名】*Pandorea ricasoliana*
【英名】pink trumpet vine, Zimbabwe creeper, port John's creeper
【原産地】南アフリカ
【タイプ】寄りかかり
【最低温度】0～5℃
【日照条件】明るい戸外
【利用】明るい戸外に地植え
【特徴】葉は小葉5～11枚からなる奇数羽状複葉。花は新梢先に多数つく。花冠は漏斗形で、径6cmほど。花色は淡桃色で、赤紫色の筋が入る。花期は初夏～秋。
【栽培のポイント】
無霜地帯では戸外で越冬するので、パーゴラやトレリスに誘引する。繁殖はさし木による。

カエンカズラ（*Pyrostegia venusta*）【ノウゼンカズラ科】

カエンカズラ　*Pyrostegia venusta*　右上は花アップ

【異名】*P. ignea*
【英名】flame vine, golden shower
【原産地】ブラジル、パラグアイ、ボリビア、アルゼンチン北東部
【タイプ】巻きひげ
【最低温度】5〜8℃　【日照条件】明るい温室内
【利用】大型温室内または温暖地の戸外に地植え
【特徴】茎は長さ10m以上になる。葉は2〜3枚の小葉からなり、先端の1枚は巻きひげとなる。小葉は卵形〜長楕円状披針形。花は葉腋または茎頂に十数個つく。花冠は管状で、長さ5〜7cm、先は5裂する。花色は炎のようなオレンジ色で、よく目立つ。花期は冬〜春。
【栽培のポイント】
沖縄などでは戸外で越冬するので、パーゴラやトレリスに誘引する。繁殖はさし木による。

テコマンテ（*Tecomanthe dendrophila*）【ノウゼンカズラ科】

テコマンテ　*Tecomanthe dendrophila*　右は花序アップ

【異名】*T. venusta*
【英名】New Guinea trumpet vine
【原産地】モルッカ諸島〜ニューギニア
【タイプ】巻きつき茎　【最低温度】12〜15℃
【日照条件】明るい温室内
【利用】大型温室内に地植え
【特徴】茎は長さ10m以上になる。葉は小葉3〜7枚からなる奇数羽状複葉。花冠は漏斗形〜鐘形で、長さ8〜12cmほど、先は5裂する。花期は春。
【栽培のポイント】
明るい大型温室内に地植えし、パーゴラやトレリスに誘引する。繁殖はさし木による。

ヒメノウゼンカズラ（*Tecoma capensis*）【ノウゼンカズラ科】

ヒメノウゼンカズラ　*Tecoma capensis*

【異名】*Tecomaria capensis*
【英名】Cape honeysuckle
【原産地】東・南アフリカ　【タイプ】寄りかかり
【最低温度】0～5℃
【日照条件】明るい戸外または温室内
【利用】高温期の花壇、鉢物または温室内に地植え
【特徴】茎は長さ1.5mほど。葉は5～9小葉からなる奇数羽状複葉。花は頂生の総状花序につく。花冠は漏斗状で、2唇形となり、長さ7～8cm。花色は橙～橙赤色。温度さえあれば周年開花する。
【主な園芸品種】'ルテア'（'Lutea'）は黄花の園芸品種。
【栽培のポイント】
比較的耐寒性が強く、暖地であれば戸外でも越冬する。繁殖はさし木による。

カナリナ（*Canarina canariensis*）【キキョウ科】

カナリナ　*Canarina canariensis*

【異名】*Campanula canariensis*
【英名】Canary bellflower
【原産地】カナリア諸島
【タイプ】寄りかかり
【最低温度】2℃
【日照条件】明るい温室内
【利用】一般に冷涼な温室内に地植えまたは鉢植え
【特徴】地下部に塊茎がある。茎は長さ1～3mになる。葉はほこ形または心臓形で、鋸歯がある。鐘形の花は、先が6裂し、径4～5cmで、橙黄色地に赤色の条線が入る。花期は冬～春。
【栽培のポイント】
冷涼な気候を好み、生育適温は7～25℃。夏期は用土を乾燥させて、秋まで休眠させるとよい。繁殖は種子、塊茎による。

メキシコサワギク（*Pseudogynoxys chenopodioides*）【キク科】

メキシコサワギク　*Pseudogynoxys chenopodioides*

【異名】*Senecio confusus*
【英名】Mexican flamevine, orange glow vine
【原産地】メキシコ、中央アメリカ、西インド諸島
【タイプ】巻きつき茎
【最低温度】8～10℃
【日照条件】明るい温室内
【利用】温室内に地植えまたは鉢植え
【特徴】茎は長さ4～6mほどになる。葉は狭卵形で、縁には歯牙がある。頭状花は直径5cmほどで、芳香がある。舌状花冠、筒状花冠ともに特徴ある橙色となる。
【栽培のポイント】
鉢に植え、行灯仕立てで管理する。低温期は明るい室内で管理する。繁殖はさし木による。

アメリカハマグルマ (*Wedelia triloba*) 【キク科】

【英名】Singapore daisy
【原産地】熱帯アメリカ〜フロリダ南部
【タイプ】匍匐茎　【最低温度】0〜5℃
【日照条件】明るい戸外または温室内
【利用】明るい温室内のグランドカバー
【特徴】茎は匍匐し、長さ2m以上になり、節から根を生じる。葉は楕円形〜倒卵形で、長さ10cmほど、葉縁には鋸歯がある。頭状花は直径1.5〜2cmほど。舌状花冠は黄〜橙黄色。世界の熱帯・亜熱帯地域に逸出して問題となっている。花期は主に5〜10月であるが、温度があればほぼ周年開花する。
【栽培のポイント】
強健で栽培しやすい。沖縄などでは戸外に地植えし、グランドカバーとして多用される。繁殖はさし木による。

アメリカハマグルマ　*Wedelia triloba*　右下は茎頂

スイカズラ属 (*Lonicera*) 【スイカズラ科】 ①

ロニセラ・ヘックロッティー'ゴールド・フレーム'　*Lonicera* × *heckrottii* 'Gold Flame'

ツキヌキリンドウ　*Lonicera sempervirens*

ロニセラ・ヒルデブランディアナ　*Lonicera hildebrandiana*　下は花アップ

CHAPTER 2　127

スイカズラ属 (*Lonicera*)【スイカズラ科】②

スイカズラ　*Lonicera japonica*　右上は花序アップ

キフスイカズラ　*Lonicera japonica* 'Aureoreticulata'

【英名】honeysuckle　【分布】北半球に約180種が分布
【タイプ】巻きつき茎
【最低温度】−5〜5℃
【日照条件】明るい戸外（一部は温室内）
【利用】明るい戸外（一部は温室内）に地植え
【特徴】多くはつる植物で、茎は長さ10cmほどになる。花冠はふつう唇形となり、5裂する。花期は初夏〜夏。
【主な種類】
◆ロニセラ・ヘックロッティー（*L.* × *heckrottii*）英名：goldenflame honeysuckle　交雑種とされ、ロニセラ・アメリカナ（*L. americana*）とツキヌキリンドウ（*L. sempervirens*）との交雑種と考えられている。茎は長さ3〜4mに伸びる。花は長さ5〜6cmで、内側は橙黄色、外側は紫紅色を帯び、強い芳香がある。'ゴールド・フレーム'（'Gold Flame'）は蕾が赤みを帯び、葉が濃緑色である。
◆ロニセラ・ヒルデブランディアナ（*L. hildebrandiana*）英名：giant burmese honeysuckle, giant honeysuckle　ミャンマー、タイ、中国南部原産。本属中最も大形で、茎は長さ20〜25mになる。花も大きく長さ9〜15cmにもなり、芳香がある。蕾時は紫色で、開花すると薄黄色、後に橙黄色に変わる。耐寒性はないので、冬期は加温する。
◆スイカズラ（*L. japonica*）　別名：ニンドウ　英名：golden-and-silver flower honeysuckle, Japanese honeysuckle　日本、中国原産。茎は長さ10m以上になる。花は白色から後に黄色に変わり、芳香がある。キフスイカズラ（'Aureoreticulata'）は、黄色地の葉に緑色の脈が入り、寄せ植えなどに多用される。
◆ツキヌキリンドウ（*L. sempervirens*）英名：coral honeysuckle, trumpet honeysuckle, scarlet honeysuckle　北アメリカ東部および南部原産。花に近い1〜2対の葉が合着して、茎が葉を貫いているように見える。花は橙黄色〜深紅色で、芳香はない。
【栽培のポイント】
強健で、栽培は容易である。パーゴラやトレリスに誘引する。繁殖はさし木による。開花後に混み過ぎた枝を間引くか、刈り込むとよい。

カニクサ (*Lygodium japonicum*) 【カニクサ科】

【別名】シャミセンヅル、ツルシノブ
【英名】Japanese climbing fern, vine-like fern
【原産地】日本中南部、朝鮮半島南部、台湾、中国、ネパール、インド、東南アジア
【タイプ】巻きひげ 【最低温度】−5〜0℃
【日照条件】明るい戸外 【利用】鉢植え
【特徴】一見すると茎のようなつる状の地上部は、実は葉である。本当の茎は地下に這う。つるのように伸びているのは葉の主軸にあたり、長さ2〜3mに伸びる。日本では地上部は冬期には枯れる。上部の葉の羽片は細かく分裂し、胞子をつける。
【栽培のポイント】
強健で、栽培は容易である。排水性と通気性に富む用土で植え付け、行灯仕立てにする。

カニクサ *Lygodium japonicum*

サダソウ (ペペロミア) 属 (*Peperomia*) 【コショウ科】

ペペロミア・クアドラングラリス *Peperomia quadrangularis*

ペペロミア・ロツンディフォリア *Peperomia rotundifolia*

ペペロミア・セルペンス'バリエガタ' *Peperomia serpens* 'Variegata'

【英名】radiator plant
【分布】熱帯アメリカを中心に、熱帯・亜熱帯に約1000種が分布
【タイプ】本書で扱う種は匍匐茎
【最低温度】8〜10℃ 【日照条件】明るい室内
【利用】鉢物の観葉植物
【特徴】多肉質の多年草、まれに一年草。茎は直立またはつる状に匍匐する。
【主な種類】
◆ペペロミア・クアドラングラリス(*P. quadrangularis*) 異名：*P. angulata* 西インド諸島、パナマ、南アメリカ北部原産。茎は細長く、長さ20cmほどで、匍匐する。葉は長さ2cm、倒卵形〜円形、表面は暗緑色で3脈が目立つ。

◆ペペロミア・ロツンディフォリア（*P. rotundifolia*）異名：*P. nummularifolia* ブラジル南東部原産。茎は細長く、長さ25cmほど、4稜で、匍匐する。葉はほぼ円形で、径1.5cm。多肉質で、表面は緑色。
◆ペペロミア・セルペンス（*P. serpens*）ペルー、西インド諸島原産。茎は細長く、匍匐する。葉身は円状三角形で、表面は鈍い光沢のある暗緑黄色、裏面は白黄緑色。'バリエガタ'（'Variegata'）は、淡緑白色地に黄白色から淡黄色の斑が、主に葉縁近くに入る。
【栽培のポイント】
明るい半日陰を好む。繁殖は株分けまたはさし木（葉ざし、茎ざし）による。斑入り品種は葉ざしにより斑が消えることがある。

CHAPTER 2　129

アンスリウム・スカンデンス（*Anthurium scandens*）【サトイモ科】

アンスリウム・スカンデンス　*Anthurium scandens*

【原産地】メキシコ、ペルー、ガイアナ
【タイプ】付着根
【最低温度】12～15℃
【日照条件】明るい室内
【利用】鉢物の観葉植物
【特徴】付着根でよじ登る着生植物。葉は楕円形で、長さ4～16cm。仏炎苞は白色で、長さ3cmほど。結実しやすく、半透明質の果実が房状につく。変種ビオラケウム（var. *violaceum*）は、果実が淡紫色。
【栽培のポイント】
明るめの半日陰で管理する。成長期の5～9月には、緩効性粒状肥料を1～2か月に1回施し、液体肥料で追肥を施す。繁殖は株分けによる。

ハブカズラ属（*Epipremnum*）【サトイモ科】ポトスの仲間

ポトス'マーブル・クイーン'　*Epipremnum aureum* 'Marble Queen'

ポトス'エンジョイ'　*Epipremnum aureum* 'N'Joy'

ポトス'ライム'　*Epipremnum aureum* 'Lime'

ポトス　*Epipremnum aureum*　成熟株

ハブカズラ　*Epipremnum pinnatum*　成熟株

【分布】東南アジア～太平洋諸島西部に17種が分布
【タイプ】付着根　【最低温度】5～10℃
【日照条件】明るい室内
【利用】幼株は鉢物の観葉植物
【特徴】付着根で樹幹などによじ登る着生植物。茎は10m以上に伸びる。
【主な種類】
◆ポトス（*E. aureum*）　英名：devil's ivy, golden pothos, money plant　ソロモン諸島原産と考えられている。一般に栽培される幼期の幼葉は、心形で、表面には光沢があり、緑色地に濃黄色の斑が不規則に入る。熱帯圏で見る成熟株の成葉は、長さ70cmほどで、羽状に裂ける。園芸品種として写真に示すものなどが知られる。
◆ハブカズラ（*E. pinnatum*）　沖縄、台湾、中国南部、東南アジア原産。茎は5～10mになる。若い株の葉は、長卵形で小さく裂けないが、成熟株は羽状に裂け、長さ50～60cmになる。
【栽培のポイント】
明るめの半日陰で管理する。成長期の5～9月には、緩効性粒状肥料を1～2か月に1回施し、液体肥料で追肥を施す。繁殖は株分けによる。

ホウライショウ（モンステラ）属 (Monstera)【サトイモ科】

モンステラ　*Monstera deliciosa*　右は仏炎苞と花序

モンステラ'アルボ・バリエガタ'　*Monstera deliciosa* 'Albo-Variegata'

モンステラ'バリエガタ'　*Monstera deliciosa* 'Variegata'

マドカズラ　*Monstera adansonii* var. *laniata*

【英名】windowleaf
【分布】熱帯アメリカに40種が分布
【タイプ】付着根
【最低温度】5～8℃
【日照条件】明るい室内
【利用】鉢物の観葉植物
【特徴】付着根でよじ登る着生植物。葉はふつう左右非対称で、全縁あるいは羽状に裂け、ときに葉脈間で穴があく。
【主な種類】
◆マドカズラ（*M. adansonii* var. *laniata*）　異名：*M. friedrichsthalii*　南アメリカ北部原産。葉は長楕円形～楕円形で、左右非対称、全縁、葉脈間に楕円形の穴があく。
◆モンステラ（*M. deliciosa*）　英名：windowleaf, ceriman, Mexican breadfruit, Swiss cheese plant　メキシコ～パナマ原産。葉はほぼ左右対称の円状卵形で、長さ10～90cm、側脈の間に穴があき、それらがつながって羽状に裂ける。'アルボ・バリエガタ'（'Albo-Variegata'）は葉に白色斑が不規則に入る。'バリエガタ'（'Variegata'）は葉に乳白色～緑黄色の斑が入る。
【栽培のポイント】
明るめの半日陰で管理する。栽培適温は20～25℃前後。ほぼハブカズラ属（130頁）に準じる。

フィロデンドロン属 (*Philodendron*) 【サトイモ科】

ヒメカズラ
Philodendron hederaceum var. *oxycardium*

フィロデンドロン・メラノクリスム
Philodendron melanochrysum

フィロデンドロン'レモン・ライム'
Philodendron 'Lemon Lime'

フィロデンドロン・オルナツム　*Philodendron ornatum*

フィロデンドロン'ピンク・プリンセス'　*Philodendron* 'Pink Princess'

【分布】熱帯アメリカに500種以上が分布
【タイプ】付着根　【最低温度】8～12℃
【日照条件】明るい室内　【利用】鉢物の観葉植物
【特徴】多くは付着根でよじ登る常緑の多年草だが、まれに茎が短縮して直立するものや、匍匐するものがある。葉は全縁から羽状浅裂～中裂する。
【主な種類】
◆フィロデンドロン・ヘデラケウム(*P. hederaceum*)　異名：*P. scandens*　英名：heartleaf philodendron メキシコ、西インド諸島～ブラジル南東部原産。よく栽培されるのは亜種オクシカルディウム (var. *oxycardium*) で、ヒメカズラの和名がある。
◆フィロデンドロン・メラノクリスム (*P. melanochrysum*) 異名：*P. andreanum*　コロンビア原産。一般に見られる幼葉は卵形で、長さ10～20cm、表面はビロード状の光沢があり、暗緑褐色地に主脈と側脈が黄緑色になる。
◆フィロデンドロン・オルナツム (*P. ornatum*)　ベネズエラ～ペルー、ブラジル南東部原産。葉身は広卵形で、長さ10～60cm、表面は青緑色地に銀緑色の斑が大きく入る。
◆フィロデンドロン'レモン・ライム'('Lemon Lime')　生育初期は株立ち状となるが、やがてつる状になる。葉身は長楕円形～楕円状倒卵形で、長さ25～30cm、光沢のある明緑色。
◆フィロデンドロン'ピンク・プリンセス'('Pink Princess')　葉身は卵状心臓形で、長さ20～30cm、暗赤褐色地にピンク色の斑が不規則に入る。
【栽培のポイント】
明るめの半日陰で管理する。栽培適温は20～25℃前後。ほぼハブカズラ属（130頁）に準じる。

ミニモンステラ（*Rhaphidophora tetrasperma*）【サトイモ科】

【英名】mini monstera
【原産地】タイ南部〜マレーシア
【タイプ】付着根
【最低温度】5〜8℃
【日照条件】明るい室内
【利用】鉢物の観葉植物
【特徴】モンステラ'ミニマ'（*Monstera* 'Minima'）やミニモンステラ、ヒメモンステラの名で流通しているが、モンステラの仲間ではない。本種の幼株を園芸的に利用している。葉は長さ20cmほどで、羽状に切れ込む。
【栽培のポイント】
明るめの半日陰で管理する。栽培適温は20〜25℃前後。ほぼハブカズラ属（130頁）に準じる。

ミニモンステラ　*Rhaphidophora tetrasperma*

スキンダプスス（*Scindapsus pictus*）【サトイモ科】

【英名】satin pothos, silver vine
【原産地】ジャワ〜ボルネオ
【タイプ】付着根
【最低温度】10〜15℃
【日照条件】明るい室内
【利用】鉢物の観葉植物
【特徴】葉身はやや肉質で、長さ15cmほど、表面は暗緑色地に銀白色の斑が入る。シラフカズラ（'Argyraeus'）はやや小型で、よく栽培される。
【栽培のポイント】
明るめの半日陰で管理する。栽培適温は25℃前後。10〜15℃で越冬できる。成長期の5〜9月には、緩効性粒状肥料を1〜2か月に1回施し、液体肥料で追肥を施す。繁殖はさし木による。

シラフカズラ　*Scindapsus pictus* 'Argyraeus'

シンゴニウム（*Syngonium podophyllum*）【サトイモ科】

【英名】arrowhead plant, arrowhead vine, arrowhead philodendron, goosefoot
【原産地】メキシコ〜ブラジル、ボリビア
【タイプ】付着根　【最低温度】8〜10℃
【日照条件】明るい室内　【利用】鉢物の観葉植物
【特徴】付着根でよじ登る。幼若期と成熟期では葉の形態が異なる。幼期の幼葉は、単葉で、長楕円形〜卵形、矢じり形〜ほこ形と成熟期によって形が異なる。成熟期の成葉は、ふつう3裂から鳥足状に5〜9深裂する。
【主な園芸品種】
'ホワイト・バタフライ'（'White Butterfly'）葉がやや丸みを帯び、主脈と側脈付近がクリーム色になる。
【栽培のポイント】
明るめの半日陰で管理する。栽培適温は20〜25℃前後。ほぼハブカズラ属（130頁）に準じる。

シンゴニウム'ホワイト・バタフライ'　*Syngonium podophyllum* 'White Butterfly'

ヤマノイモ属 (*Dioscorea*) 【ヤマノイモ科】

亀甲竜 *Dioscorea elephantipes* 右は塊茎

ディオスコレア・ドデカネウラ
Dioscorea dodecaneura

【分布】熱帯〜温帯に約630種が分布 【タイプ】巻きつき茎
【最低温度】5〜10℃ 【日照条件】明るい室内 【利用】鉢物
【特徴】塊根または塊茎を持つ。
【主な種類】
◆ディオスコレア・ドデカネウラ（*D. dodecaneura*） 異名：*D. discolor* 英名：ornamental yam 熱帯南アメリカ原産。多年生のよじ登り植物で、茎は1年で枯死する。地下に直径7cmほどの塊根を持つ。葉は長さ15cmほどで、卵形または心臓形、表面は暗〜明緑色地に中央脈付近が銀白色、裏面は赤紫色を帯びる。
◆亀甲竜（*D. elephantipes*） 南アフリカ原産。半球形の塊茎を持ち、表面はコルク質で亀甲状に割れる。茎は細長く、長さほどに伸びる。
【栽培のポイント】
室内の明るい場所で管理する。栽培適温は15〜20℃。秋以降は水を控えて、5〜10℃以上保って越冬する。

バニラ (*Vanilla planifolia*) 【ラン科】

バニラ *Vanilla planifolia*

バニラ'マルギナタ' *Vanilla planifolia* 'Marginata'

【英名】flat-leaved vanilla, Tahitian vanilla , vanilla
【原産地】メキシコ、西インド諸島
【タイプ】付着根、寄りかかり 【最低温度】15℃
【日照条件】明るい室内
【利用】鉢物または温室内に地植え
【特徴】茎は多肉質で、つる状に長く伸びる。葉は多肉質の楕円状卵形〜卵状披針形で、長さ10〜20cm。

【主な園芸品種】
'マルギナタ'（'Marginata'） 葉に黄色の縦縞模様が入る。
【栽培のポイント】
高温多湿を好み、冬期も15℃以上に保つ。直射日光は避けるが、できるだけ明るい場所で栽培する。茎はつる状に生育するので、ヘゴ材に巻き付けるとよい。

キジカクシ（アスパラガス）属 (Asparagus)【キジカクシ科】

クサナギカズラ　*Asparagus asparagoides*

ヤナギバテンモンドウ　*Asparagus falcatus*

【分布】旧世界の温帯～熱帯に約120種が分布
【タイプ】巻きつき茎、引っかかり
【最低温度】5～7℃　【日照条件】明るい室内
【利用】鉢物、切り葉
【特徴】真の葉は鱗片状または刺状となって退化し、その腋から出る小枝が葉のように見え、葉状茎と呼ばれる。
【主な種類】
◆クサナギカズラ（*A. asparagoides*）　流通名：スマイラックス　南アフリカ原産。茎は長さ1.5mほどで、巻きつく。葉状茎は互生し、楕円形で、長さ約3cm。
◆ヤナギバテンモンドウ（*A. falcatus*）　英名：sicklethorn　南アフリカ、東アフリカ原産。茎は長さ7mほどになり、刺で引っかかってよじ登る。葉状茎は鎌形で、長さ5～6cm。
【栽培のポイント】
明るめの半日陰で管理する。地下部は多肉質なので、冬は水をかなり控える。繁殖は株分けによる。

カリシア属 (Callisia)【ツユクサ科】

カリシア・ゲントレイ・エレガンス　*Callisia gentlei* var. *elegans*

カリシア・レペンス　*Callisia repens*

【分布】熱帯アメリカに約20種が分布
【タイプ】匍匐茎　【最低温度】5～8℃
【日照条件】明るい室内　【利用】鉢物の観葉植物
【特徴】茎は匍匐または直立する。
【主な種類】
◆カリシア・ゲントレイ・エレガンス（*C. gentlei* var. *elegans*）　異名：*C. elegans*　英名：striped inch plant　メキシコ原産。茎は斜上する。葉は卵形～広披針形で、長さ3～5cm、表面は緑色地に白色や黄白色の縦縞が入り、裏面は赤紫色。
◆カリシア・レペンス（*C. repens*）　テキサス州、西インド諸島～アルゼンチン原産。茎は匍匐する。葉は卵形で、長さ1～1.5cm、緑色で光沢がある。
【栽培のポイント】
明るい室内で管理する。日照不足にも比較的よく耐える。成長期の5～9月は、過湿にならない程度に水はたっぷりと与え、秋からは控えめにして冬越しに備える。4～10月の間、葉色を見ながら、薄い液体肥料を水やり代わりに、1～2か月に1度施す。繁殖はさし木または株分けによる。

アネイレマ（*Aneilema zebrinum*）【ツユクサ科】

アネイレマ　*Aneilema zebrinum*

【異名】*Ballya zebrina*
【原産地】エチオピア
【タイプ】匍匐茎
【最低温度】5〜8℃
【日照条件】明るい室内
【利用】鉢物の観葉植物
【特徴】茎は匍匐する。葉は長さ 4cm ほどで、灰緑色地に淡緑色の条線が走る。
【栽培のポイント】
カリシア属（135 頁）にほぼ準じる。

キアノティス（*Cyanotis beddomei*）【ツユクサ科】

キアノティス　*Cyanotis beddomei*

【異名】*C. kewensis*
【英名】teddy bear vine
【原産地】インド　【タイプ】匍匐茎
【最低温度】5〜8℃　【日照条件】明るい室内
【利用】鉢物の観葉植物
【特徴】株全体に褐色の長軟毛が生じる。茎は匍匐する。葉は卵状心臓形、長さ 2〜3cm、表面は濃緑色。
【栽培のポイント】
カリシア属（135 頁）にほぼ準じる。

ブライダルベール（*Gibasis pellucida*）【ツユクサ科】

ブライダルベール　*Gibasis pellucida*

【英名】bridal veil, Tahitian bridal veil
【原産地】メキシコ南部、グアテマラ、エルサルバドル
【タイプ】匍匐茎
【最低温度】5〜8℃　【日照条件】明るい室内
【利用】鉢物の観葉植物
【特徴】茎は細く、紫色を帯び、匍匐する。葉は長さ 2〜3cm、表面は濃い緑色。径 6〜7mm の白色花がよく目立つ。花期は温度さえあればほぼ周年。
【栽培のポイント】
カリシア属（135 頁）にほぼ準じる。

ゼブリナ（*Tradescantia zebrina*）【ツユクサ科】

ゼブリナ　*Tradescantia zebrina*

【異名】*Zebrina pendula*
【原産地】メキシコ　【タイプ】匍匐茎
【最低温度】5〜8℃
【日照条件】明るい室内
【利用】鉢物の観葉植物
【特徴】異名より「ゼブリナ」と呼ばれる。茎は匍匐する。葉は卵状長楕円形で、長さ 3〜10cm、表面は銀白色の縞が 2 本走り、裏面は濃紫色。いくつかの園芸品種が知られる。
【栽培のポイント】
カリシア属（135 頁）にほぼ準じる。

*他のムラサキツユクサ属（*Tradescantia*）については、『カラーリーフプランツ』（2017）誠文堂新光社刊の 83〜85 頁を参照してほしい。

玉つづり（Sedum morganianum）【ベンケイソウ科】

玉つづり　Sedum morganianum　右上は葉のアップ

【英名】donkey tail, burro's tail
【原産地】メキシコ
【タイプ】下垂茎、匍匐茎
【最低温度】3～5℃　【日照条件】明るい室内
【利用】鉢物の観葉植物
【特徴】茎は匍匐または下垂し、長さ1mほどになることがある。葉は多肉質で密につき、長楕円状披針形、長さ2.5cm、厚さ5～6mmで、淡緑色で白粉を帯びる。
【栽培のポイント】
4月から梅雨までは戸外でも管理できるが、直接雨が当たらない場所で管理する。夏には葉が脱落しやすくなるので、鉢上げするとやがて発根する。

ツタ属（Parthenocissus）【ブドウ科】

ヘンリーヅタ　Parthenocissus henryana

アメリカヅタ'バリエガタ'　Parthenocissus quinquefolia 'Variegata'

ツタ　Parthenocissus tricuspidata

【分布】アジア～北アメリカに10種が分布
【タイプ】吸盤　【最低温度】-5～0℃
【日照条件】明るい戸外
【利用】壁面などの緑化
【特徴】葉は掌状複葉または3裂する。
【主な種類】
◆ヘンリーヅタ（P. henryana）　英名：Chinese Virginia-creeper, silver vein creeper　中国原産。葉は5小葉からなる掌状複葉で、脈に沿って銀白色の模様が入る。
◆アメリカヅタ（P. quinquefolia）　英名：Victoria creeper, Virginia creeper　アメリカ合衆国東部～メキシコ原産。葉は5小葉からなる掌状複葉で、小葉の先は尖る。'バリエガタ'（'Variegata'）は、葉に白色斑が入る。
◆ツタ（P. tricuspidata）　英名：Boston Ivy, grape ivy, Japanese ivy　日本、中国原産。本属中最も一般的。葉の形は枝によって異なり、単葉で2～3裂または、3出複葉。秋になると紅葉して美しい。
【栽培のポイント】
トレリス、壁面などに這わせるとよい。

セイシカズラ属 (*Cissus*) 【ブドウ科】

シッサス・アラタ 'エレン・ダニカ'　*Cissus alata* 'Ellen Danica'

カンガルー・バイン　*Cissus antarctica*

セイシカズラ　*Cissus javana*

シッサス・クアドラングラリス　*Cissus quadrangularis*

シュガーバイン　*Cissus striata*

【英名】grape ivy, treebine ivy
【分布】熱帯〜温帯に約 200 種が分布
【タイプ】巻きひげ　【最低温度】5 〜 15℃
【日照条件】明るい室内　【利用】鉢物の観葉植物
【特徴】茎の主軸が巻きひげとなる。葉は単葉または複葉。
【主な種類】
◆シッサス・アラタ（*C. alata*）　異名：*C. rhombifolia*　英名：Venezuela tree vine　熱帯アメリカ原産。葉は 3 出複葉。'エレン・ダニカ'（'Ellen Danica'）はよく栽培され、小葉が切れ込む。
◆カンガルー・バイン（*C. antarctica*）　英名：kangaroo vine　オーストラリア東部原産。巻きひげの発生は少ない。葉は単葉、卵形〜長楕円形で、葉縁には鋸歯がある。
◆セイシカズラ（*C. javana*）　異名：*C. discolor*　英名：begonia cissus, climbing begonia, rex begonia vine　マレー半島原産。葉は卵形で、先が尖り、しわが目立つ。表面は緑色地に、銀白色、桃色、紫色の斑があり、ビロード状の光沢がある。裏面は紫色。
◆シッサス・クアドラングラリス（*C. quadrangularis*）　異名：*C. quadrangula*　英名：devil's backbone, veldt grape　アフリカ、南アジア原産。多肉植物で、茎には 4 稜がある。葉はふつう単葉、ときに 3 出複葉となる。
◆シュガーバイン（*C. striata*）　チリ、ブラジル南部原産。葉は 5 小葉からなる掌状複葉。小葉は倒卵形〜倒披針形で、長さ 1 〜 3cm。
【栽培のポイント】
明るい場所を好む。5 月からは戸外で管理できるが、夏は少し遮光する。セイシカズラは他に比べて寒さに弱く、15℃以上は保つ。繁殖はさし木による。

キフォステンマ・アデノポドゥム（*Cyphostemma adenopodum*）【ブドウ科】

キフォステンマ・アデノポドゥム　*Cyphostemma adenopodum*

【異名】 *Cissus adenopoda*
【原産地】 熱帯西アフリカ
【タイプ】 巻きひげ
【最低温度】 5～8℃
【日照条件】 明るい室内
【利用】 鉢物の観葉植物
【特徴】 地下に塊根がある。葉は3出複葉。小葉は卵形、縁には鋸歯があり、表面は緑色、脈は赤色で、表裏面ともに柔毛がある。
【栽培のポイント】
明るい場所を好む。5月からは戸外で管理できるが、夏は少し遮光する。低温期には用土を乾燥気味に保つ。繁殖はさし木による。

テトラスティグマ（*Tetrastigma voinierianum*）【ブドウ科】

テトラスティグマ　*Tetrastigma voinierianum*

【英名】 chestnut vine, lizard plant
【原産地】 ラオス
【タイプ】 巻きひげ
【最低温度】 8～12℃
【日照条件】 明るい室内
【利用】 鉢物の観葉植物、または大型温室に地植え
【特徴】 茎は長さ10mほどになる。若い枝は短軟毛で覆われる。葉は掌状複葉で、長さ25cmほど。小葉は革質で、縁には粗い鋸歯があり、表面は平滑で光沢がある濃緑色、裏面は淡褐色の毛で覆われる。本属は巨大な寄生植物として有名なラフレシア属（*Rafflesia*）の宿主として知られる。
【栽培のポイント】
大形植物なので、鉢植えの場合は大鉢に植え、行灯仕立てにするとよい。繁殖はさし木による。

緑の太鼓（*Xerosicyos danguyi*）【ウリ科】

緑の太鼓　*Xerosicyos danguyi*

【英名】 dollar vine, penny plant, silver dollar vine
【原産地】 マダガスカル
【タイプ】 巻きひげ
【最低温度】 8～10℃
【日照条件】 明るい室内
【利用】 鉢物の観葉植物
【特徴】 茎は細く、基部でよく分枝し、長さ5mほどになる。灰緑色の葉はほぼ円形で、多肉質、径3～5cm、厚さ5～10mm。巻きひげは長さ3～4cmで、硬い。
【栽培のポイント】
明るい場所を好む。多肉植物として扱うとよい。成長期の5～9月は、過湿にならない程度に水はたっぷりと与え、秋からは控えめにして冬越しに備える。繁殖はさし木による。

イチジク（フィクス）属 (*Ficus*) 【クワ科】

オオイタビ　*Ficus pumila*

オオイタビ'ムーンライト'　*Ficus pumila* 'Moonlight'

オオイタビ'サニー'　*Ficus pumila* 'Sunny'

フィクス・サギタタ'バリエガタ'　*Ficus sagittata* 'Variegata'

フィクス・ビロサ　*Ficus villosa*

【英名】fig trees, figs
【分布】熱帯から温帯にかけて約850種が分布
【タイプ】付着根　【最低温度】5～10℃
【日照条件】明るい室内
【利用】鉢物の観葉植物
【特徴】雌雄同株または雌雄異株の高木～低木、あるいはつる性木本。茎葉の切り口から乳液（ラテックス）を出す。葉はふつう互生し、全縁、まれに鋸歯状または浅裂する。
【主な種類】
◆オオイタビ（*F. pumila*）　英名：creeping fig, climbing fig　東アジア原産。フィカス・プミラなどの名で、幼苗を観葉植物として利用している。幼葉の葉は卵形で、長さ2cmほど。'サニー'（'Sunny'）は、葉身に白色の不規則小斑が入る。'サニー・ホワイト'や'ホワイト・サニー'とも呼ばれる。'ムーンライト'（'Moonlight'）は、黄緑色の中斑が入る。
◆フィクス・サギタタ（*F. sagittata*）　異名：*F. radicans*　ヒマラヤ地方～中国南部、東南アジア原産。葉は長楕円形で、長さ5～10cm。'バリエガタ'（'Variegata'）は、葉縁付近に淡黄白色の斑が入る。
◆フィクス・ビロサ（*F. villosa*）　マレーシア、インドネシア、フィリピン原産。若い枝や葉に毛が密生する。葉は卵形で、長さ10～20cm。
【栽培のポイント】
日のよく当たる場所で管理する。5～10月は戸外でも管理できるが、斑入り品種は葉焼けを起こしやすいので、軽く遮光するとよい。成長期の5～9月は、用土の表面が乾けばたっぷりと水を与え、秋以降は冬越しに備えて水を控える。高温乾燥期には葉水を与えるとよい。4～10月に、緩効性粒状肥料を2か月に1度ほど与える。繁殖はさし木による。

ベゴニア（シュウカイドウ）属 (Begonia) 【シュウカイドウ科】①

ベゴニア・アンプラ *Begonia ampla*

ベゴニア・グラブラ *Begonia glabra*

ベゴニア・ロラントイデス *Begonia loranthoides*

ベゴニア・モレリ *Begonia molleri*

【和名】つる状ベゴニア
【英名】trailing-scandent begonia
【タイプ】茎が垂れ下がって伸びる下垂性のもの(hanging type)と、茎の節の部分から出る付着根によりのびる登攀性のもの（climbing type）がある。木立性に分類。
【最低温度】5℃前後
【日照条件】屋外（冬場のみ室内）、または温室
【利用】鉢物
【特徴】レックスベゴニア、根茎性ベゴニア、木立性ベゴニアなど、いくつかのタイプがある。葉形が中心主脈をはさんで左右非対称。色模様も複雑なので、カラーリーフとしてよく使われる。

【主な種類】
◆ベゴニア・アンプラ（*B.ampla*）　中央アフリカ、ギネア原産。肉厚で腎臓形の照葉で、白花をつけ、岩石などに着生する。
◆ベゴニア・グラブラ（*B.glabra*）メキシコからペルー原産。長卵形で肉厚の照葉で、白くて小さな花をつけ、下垂する。
◆ベゴニア・ロラントイデス（*B.loranthoides*）　カメルーン、コンゴ原産。幹に着生し、長楕円形で肉厚の照葉をもつ。白桃色の花は、雌雄花が別の花序につく。
◆ベゴニア・モレリ（*B.molleri*）　熱帯アフリカ西海岸サントメ原産。幹に着生し、楕円形の照葉をもつ。花は乳白色。

CHAPTER 2　141

ベゴニア（シュウカイドウ）属 (*Begonia*) 【シュウカイドウ科】②

ベゴニア・オクシアンテラ *Begonia oxyanthera*

ベゴニア・ソラナンテラ *Begonia solananthera*

ベゴニア・テルマエ *Begonia thelmae*

ベゴニア'フラグラント・ビューティ'
Begonia 'Fragrant Beauty'

ベゴニア'タイニイ・ジェム' *Begonia* 'Tiny Jem'

◆ベゴニア・オクシアンテラ（*B.oxyanthera*）　ナイジェリア、カメルーン原産。披針形の葉で紅桃色の花をつけ、木などに巻きつく。

◆ベゴニア・ソラナンテラ（*B.solananthera*）　ブラジル原産。卵形の小葉で、茎が細く下垂する。中心が赤い白花には芳香がある。

◆ベゴニア・テルマエ（*B.thelmae*）　ブラジル原産。茎が細く下垂し、細毛を疎生する。小楕円形の葉には緑色の脈が走る。花は白色で、テラリウム栽培向き。

◆ベゴニア'フラグラント・ビューティ'（*B.*'Fragrant Beauty'）　ベゴニア・ソラナンテラ（*B.solananthera*）×ラディカンス（*B.radicans*）の交雑種。広卵形の葉で、サーモンピンクの花をつける。分岐性がよく下垂する。

◆ベゴニア'タイニイ・ジェム'（*B.*'Tiny Jem'）　ベゴニア'オレンジ・ルブラ'（*B.*'Orange Rupra'）×ベゴニア・ソラナンテラ（*B.solananthera*）の交雑種。狭卵形の葉と桃色の花をつける、小型のつる種。

【栽培のポイント】

他のタイプのベゴニアと同じでよいが、登攀または下垂するため、観賞上、こまめに剪定し、全体の草姿を整える。水はけのよい用土を使用し、施肥は液体肥料を施す。増殖は容易で、葉柄挿し、株分けで行う。

ツルマサキ (*Euonymus fortunei*)【ニシキギ科】

ツルマサキの園芸品種　*Euonymus fortunei* cv.

【英名】Fortune's spindle, spindle, winter creeper
【原産地】東アジア
【タイプ】付着根、匍匐茎
【最低温度】−5〜0℃
【日照条件】明るい戸外
【利用】明るい戸外に地植えまたは鉢植え
【特徴】茎から多数の付着根を出してよじ登るか、地面を這い、長さ5mほどになる。葉は長楕円形または楕円形、革質で光沢があり、長さ1〜4cm。
【主な園芸品種】
葉に斑が入る、多くの園芸品種が知られる。
【栽培のポイント】
よく門柱や石垣に這わせたり、グランドカバーに利用されたりする。強健で、栽培は容易である。繁殖はさし木による。

ワイヤー・プランツ (*Muehlenbeckia axillaris*)【タデ科】

ワイヤー・プランツ　*Muehlenbeckia axillaris*

【英名】creeping sprawling, matted lignum, wire vine, wirevine
【原産地】オーストラリア、タスマニア、ニュージーランド
【タイプ】寄りかかり、匍匐茎
【最低温度】−5〜0℃
【日照条件】明るい戸外〜半日陰の戸外
【利用】戸外に地植えまたは鉢植え
【特徴】赤褐色の葉は細い針金のようで、よく伸び広がる。葉は円形で、光沢があり、長さ1cmほど。腋生の花は黄白色で、径4〜8mmと小さい。花期は春。
【栽培のポイント】
強健で、低日照環境下でも栽培でき、乾燥にも強い。寄せ植え素材にも適している。

ツルムラサキ (*Basella alba*)【ツルムラサキ科】

ツルムラサキ　*Basella alba*　右上は花と葉のアップ

【英名】Malabar spinach, vine spinach, red vine spinach, climbing spinach
【原産地】アフリカ、東南アジア
【タイプ】巻きつき茎
【最低温度】10℃
【日照条件】明るい戸外
【利用】戸外に地植えし、葉と茎を食用とする
【特徴】赤紫色または緑色の茎は長さ1〜10mとなる。葉は広卵形で、長さ5〜15cm。花は白色で、先は紫紅色を帯び、長さ3〜4mm。花期は夏〜秋。
【栽培のポイント】
強健で、病害虫もほとんどなく、栽培は容易である。戸外に地植えしてトレリスなどに誘引するか、鉢植えにして行灯仕立てにするとよい。

ウツボカズラ（ネペンテス）属 (Nepenthes)【ウツボカズラ科】

ネペンテス・アラタ　Nepenthes alata
（下位捕虫袋）

ネペンテス・マクシマ　Nepenthes maxima
（下位捕虫袋）

ウツボカズラ　Nepenthes rafflesiana
（下位捕虫袋）

ネペンテス'ダイエリアナ'　Nepenthes 'Dyeriana'

ネペンテス'マスターシアナ'　Nepenthes 'Mastersiana'

【英名】tropical pitcher plants, monkey cups
【分布】ボルネオを中心に、熱帯アジア、ニューカレドニア、オーストラリア北部、セーシェル群島、マダガスカルに約90種が分布
【タイプ】巻きひげ　【最低温度】10〜15℃
【日照条件】明るい室内　【利用】鉢物の観葉植物
【特徴】雌雄異株のつる性の多年草。葉の主脈が伸びて巻きひげとなり、その先に捕虫袋がつく食虫植物。茎の下位と上位とでは、捕虫袋の形態が異なった2形性を示すことがある。
【主な種類】
◆ネペンテス・アラタ（N. alata）フィリピン、マレーシア、ボルネオ、スマトラ原産。捕虫袋は2形性を示す。茎の下位につくものは、下部が卵形に膨らみ、長さ10〜15cm。種内変異が著しいが、写真のような赤色の捕虫袋をつけるものがよく知られる。

◆ネペンテス・マクシマ（N. maxima）ボルネオ、スマトラ〜ニューギニア原産。捕虫袋は2形性を示す。下位の捕虫袋は円筒形、長さ10〜25cmで、多数の赤紫斑が入る。
◆ウツボカズラ（N. rafflesiana）英名：Raffles' pitcher-plant　マレーシア、スマトラ、ボルネオ原産。捕虫袋は2形性を示す。下位の捕虫袋は壺形で、黄緑色地に紫斑がよく入り、長さ15〜30cm。
【交雑種】
交雑により育成された園芸品種として、'ダイエリアナ'（'Dyeriana'）や'マスターシアナ'（'Mastersiana'）など、多数が知られる。
【栽培のポイント】
高温多湿を好み、明るい室内で管理する。5〜9月の成長期には、用土が乾かないようにたっぷりと水を与える。秋以降は水を控え、用土が乾いてから水を与える。繁殖はさし木により、高温期に行う。

マメヅタカズラ（ディスキディア）属（Dischidia）【キョウチクトウ科】

マメヅタカズラ　*Dischidia formosana*

ディスキディア・プラティフィラ　*Dischidia platyphylla*

ディスキディア・ルスキフォリア　*Dischidia ruscifolia*

アケビモドキ　*Dischidia major*

フクロカズラ　*Dischidia vidalii*

【分布】熱帯アジア〜オーストラリア、ポリネシアなどに80種が分布
【タイプ】付着根　【最低温度】5〜8℃
【日照条件】明るい室内
【利用】鉢物の観葉植物
【特徴】葉は多肉質で、貯水嚢を形成し、その中にアリを住まわせて共生したり、根を出して養水分を吸収したりする種もある。
【主な種類】
◆マメヅタカズラ（*D. formosana*）　流通名：ハートジュエリー　中国南部、台湾、沖縄原産。葉は円形〜広卵形で、長さ1cmほど。
◆アケビモドキ（*D. major*）　異名：*D. rafflesiana*　英名：Malayan urn vine　インド東部〜オーストラリア北部原産。葉の変形である貯水嚢は長さ10〜20cmで、中にアリを住まわせる。
◆ディスキディア・プラティフィラ（*D. platyphylla*）　フィリピン原産。葉は楕円形〜腎臓形で、長さ3〜5cm。貯水嚢は形成されない。
◆ディスキディア・ルスキフォリア（*D. ruscifolia*）　英名：million hearts　フィリピン原産。葉は心臓形で、硬く、長さ1.5〜2cm。
◆フクロカズラ（*D. vidalii*）　異名：*D. pectenoides*　フィリピン原産。葉の変形である貯水嚢は長さ5cmほど。
【栽培のポイント】
多肉植物として扱う。吊り鉢に植え付けるとよい。繁殖はさし木による。

ノボロギク（セネキオ）属 (Senecio)【キク科】

セネキオ・マクログロスス'バリエガツス'　*Senecio macroglossus* 'Variegatus'

弦月　*Senecio radicans*

緑の鈴　*Senecio rowleyanus*

【英名】groundsels
【分布】世界各地に約1000種が分布
【タイプ】巻きつき茎、下垂茎、匍匐茎
【最低温度】0～5℃
【日照条件】明るい室内
【利用】鉢物の観葉植物
【特徴】生態的にも形態的にも多様性に富む。
【主な種類】
◆セネキオ・マクログロスス（*S. macroglossus*）　英名：Natal ivy, wax ivy　アフリカ東南部～モザンビーク、ジンバブエ原産。茎で他物に巻きつく。葉は三角状ほこ形で、長さ3～5cm。'バリエガツス'（'Variegatus'）は葉縁に黄白色の斑が入る。
◆弦月（*S. radicans*）　英名：creeping berries, string of bananas　南アフリカ原産。茎は細く、匍匐するか垂れ下がる。葉は紡錘形で、太さ6mmほど。
◆緑の鈴（*S. rowleyanus*）　ナミビア原産。茎は細く、匍匐するか垂れ下がる。葉はほとんど球形で、径8mmほど。
【栽培のポイント】
多肉植物として扱う。日のよく当たる所を好むので、成長期の5～9月中旬は、戸外で管理するとよい。真夏にはやや遮光する。繁殖はさし木による。

キヅタ（ヘデラ）属 (Hedera)【ウコギ科】①

キヅタ　*Hedera rhombea*　右は葉と果序

キヅタ（ヘデラ）属 (*Hedera*)【ウコギ科】②

カナリーキヅタ'マルギノマクラタ' *Hedera algeriensis* 'Marginomaculata'

カナリーキヅタ'バリエガタ' *Hedera algeriensis* 'Variegata'

コルシカキヅタ'デンタタ' *Hedera colchica* 'Dentata'

ヘデラ・ネパレンシス *Hedera nepalensis*

【英名】ivy
【分布】北アフリカ、ヨーロッパ、アジアに13種が分布
【タイプ】付着根　【最低温度】－5～5℃
【日照条件】明るい戸外または室内
【利用】戸外に地植えしてグランドカバー、壁面緑化または鉢物の観葉植物
【特徴】幼期と成熟期では形態が異なる。幼期では茎から付着根が生じてよじ登り、葉は掌状に浅裂する。
【主な種類】
◆カナリーキヅタ（*H. algeriensis*）　異名：*H. canariensis* var. *variegata*　英名：Algerian ivy　アルジェリア、チュニジアの地中海沿岸。茎と幼葉裏面には毛が生じる。幼葉は3浅裂する。成葉は裂けず、卵形～円形。'マルギノマクラタ'（'Marginomaculata'）は、葉に黄白色の斑紋が入る。'バリエガタ'（'Variegata'）は、葉に白色～黄白色の覆輪が入る。

◆コルシカキヅタ（*H. colchica*）　英名：colchis ivy, Persian ivy　コーカサス、トルコ原産。葉は広卵形で、長さ10～20cmと大きく、緑色で光沢がある。'デンタタ'（'Dentata'）は、葉縁に細かい鋸歯が入る。

◆セイヨウキヅタ（*H. helix*）　英名：common ivy, English ivy, European ivy, ivy　ヨーロッパ、地中海沿岸、西アジア原産。本属中、最もよく利用される。幼葉は3～5浅裂し、長さ5～6cm、表面は濃緑色。500以上の園芸品種が知られる。斑入り葉の園芸品種として次頁の写真に示すようなものが知られる。

◆ヘデラ・ネパレンシス（*H. nepalensis*）　英名：Himalayan ivy, Nepal ivy　ヒマラヤ原産。幼葉は2～5裂または全縁で、長さ5～12cm。

◆キヅタ（*H. rhombea*）　英名：Japanese ivy　日本、朝鮮半島南部、台湾原産。幼葉は3～5裂する。耐寒性は強い。

キヅタ（ヘデラ）属 (*Hedera*)【ウコギ科】③

セイヨウキヅタ‘カリフォルニア・ゴールド’　*Hedera helix* ‘California Gold’

セイヨウキヅタ‘グレイシャー’　*Hedera helix* ‘Glacier’

セイヨウキヅタ‘ゴールド・チャイルド’　*Hedera helix* ‘Gold Child’

セイヨウキヅタ‘ゴールドハート’　*Hedera helix* ‘Goldheart’

セイヨウキヅタ‘コリブリ’　*Hedera helix* ‘Kolibri’

セイヨウキヅタ‘小雪’　*Hedera helix* ‘Koyuki’

【栽培のポイント】
日のよく当たる場所で管理するが、低日照下でもよく育つ。土壌の乾燥にはよく耐えるが、成長期の5〜9月には土壌の表面が乾けば、たっぷりと水を与える。秋以降は越冬に備えて控える。鉢植えの場合、5月に1度、緩効性肥料を施すとともに、5〜10月の間、液体肥料を水やり代わりに2か月に1度程度与える。繁殖はさし木による。

サネカズラ (*Kadsura japonica*) 【マツブサ科】

サネカズラ　*Kadsura japonica*　右は果実

【別名】ビナンカズラ
【原産地】日本、朝鮮半島南部、台湾
【タイプ】巻きつき茎
【最低温度】0～5℃
【日照条件】明るい戸外
【利用】戸外に地植え
【特徴】雌雄同株または異株。茎は長さ4mほど。葉は柔らかく、光沢があり、長楕円形で、長さ4～10cm。花は雌花、雄花まれに両性花が混在し、径1.5cmほど。果実は10～11月に赤く熟す。別名ビナンカズラ(美男葛)は、樹皮から出る粘液を整髪料に使ったことによる。
【栽培のポイント】
やや寒さに弱いので、暖地の地植えが適し、フェンスなどに絡ませる。繁殖はさし木により、発根は容易である。

アケビ属 (*Akebia*) 【アケビ科】

アケビ　*Akebia quinata*　花　　　ミツバアケビ　*Akebia trifoliata*　右は花

【分布】東アジアに4種が分布
【タイプ】巻きつき茎　【最低温度】-5～0℃
【日照条件】明るい戸外　【利用】戸外に地植え
【特徴】茎は長さ10mほど。花は単性で、腋生の総状花序につく。雌花はやや大きく、花序の基部に1～2個つく。果実は熟すと縦に裂ける。半透明白色の果肉は甘く、食用となる。果期は秋。
【主な種類】
◆アケビ (*A. quinata*)　日本、朝鮮半島、中国原産。葉は5小葉の掌状複葉。果実は長楕円形で、淡紫色、長さ10～12m。
◆ミツバアケビ (*A. trifoliata*)　日本、中国原産。葉は3小葉の掌状複葉。花はアケビより濃色。果実は長楕円形で、長さ10cmほど。
【栽培のポイント】
強健で、戸外に地植えし、棚仕立てにするとよい。繁殖は種子またはさし木による。種子は果肉を完全に取り除いてから播く。

ムベ（*Stauntonia obovatifoliola*）【アケビ科】

【別名】トキワアケビ
【原産地】日本、台湾、中国、朝鮮半島南部
【タイプ】巻きつき茎　【最低温度】0〜5℃
【日照条件】明るい戸外
【利用】戸外に地植え、または鉢物（盆栽）
【特徴】常緑。茎は長さ10mほど。葉は3〜7cm 小葉からなる掌状複葉。果実は長さ7〜15cmで、熟すと紫色になるが、アケビのように裂開しない。果肉は食用となるが、アケビより食べにくい。果期は秋。
【栽培のポイント】
アケビに比べるとやや寒さに弱いが、強健で栽培しやすい。数株まとめて植えると受粉しやすい。

ムベ　*Stauntonia obovatifoliola*　右は花序

ボイセンベリー（*Rubus* 'Boysen'）【バラ科】

【英名】boysenberry
【来歴】ヨーロッパキイチゴ、ブラックベリー、ローガンベリーの交雑により育成
【タイプ】引っかかり
【最低温度】−5〜0℃　【日照条件】明るい戸外
【利用】戸外に地植えまたは鉢植え、果実は生食またはジャムにする
【特徴】茎は長さ4〜5m。茎の刺は小さい。果実は集合果実で、径2cmほど。熟すと黒紫色になり、生食に適する。果期は6月頃。結実した枝は枯れ込むので、切り戻す。
【栽培のポイント】
栽培は容易で、フェンスなどに誘引する。

ボイセンベリー　*Rubus* 'Boysen'

オモチャカボチャ（*Cucurbita pepo* subsp. *ovifera*）【ウリ科】

【英名】ornamental gourds
【原産地】メキシコまたはテキサス州
【タイプ】巻きひげ
【最低温度】12〜15℃
【日照条件】明るい戸外
【利用】戸外に地植えまたは鉢植え、食用は不可
【特徴】雌雄同株。ペポカボチャ（*C. pepo*）の中の一群。果実の形態、色は様々なタイプがある。食用としての価値はないが、果実の形態、色が面白く、貯蔵性も高いので、観賞用として利用される。
【栽培のポイント】
繁殖は種子による。定植は5〜6月が適期で、本葉4〜5枚時に行う。雄花と雌花があるので、午前中に人工授粉するとよい。

オモチャカボチャ　*Cucurbita pepo* subsp.*ovifera*

ヒョウタン（*Lagenaria siceraria*）【ウリ科】

【異名】*Lagenaria siceraria* var. *gourda*
【英名】calabash, bottle gourd, white-flowered gourd
【原産地】アフリカ
【タイプ】巻きひげ
【最低温度】12～15℃
【日照条件】明るい戸外
【利用】戸外に地植えし、緑のカーテンにも利用
【特徴】果実は中央部分がくびれ、酒や水の容器として利用される。
【主な園芸品種】
多くの園芸品種が知られる。写真のセンナリヒョウタン（'Sennari'）は果実が小型で、多数結実する。
【栽培のポイント】
繁殖は種子による。定植は5～6月が適期。

センナリヒョウタン　*Lagenaria siceraria* 'Sennari'

オキナワスズメウリ（*Diplocyclos palmatus*）【ウリ科】

【英名】native bryony, striped cucumber
【原産地】トカラ列島以南、熱帯アジア、オーストラリア、熱帯アフリカ
【タイプ】巻きひげ
【最低温度】5～8℃【日照条件】明るい戸外
【利用】戸外に地植えまたは鉢植え
【特徴】雌雄同株。葉は掌状に5～7裂する。巻きひげは2分枝する。果実は球形で直径2～3cm、初めは緑色で、しだいに赤くなり、白の縞模様が入る。果実は有毒である。
【栽培のポイント】
繁殖は種子による。定植は5～6月が適期。アーチやフェンスに誘引するとよい。

オキナワスズメウリ　*Diplocyclos palmatus*　右は完熟果

フウセンカズラ（*Cardiospermum halicacabum*）【ムクロジ科】

【英名】balloon plant, balloon vine, heart pea, love in a puff
【原産地】インド、アフリカ、北アメリカ
【タイプ】巻きひげ
【最低温度】8～10℃
【日照条件】明るい戸外
【利用】戸外に地植えまたは鉢植え
【特徴】茎は長さ3mほどになる。葉は2回3出複葉で、小葉は卵状披針形または卵形。果実は淡緑色で、径3cmほど、中は中空で、風船状となる。種子は黒色地に、白色のハート形模様がある。
【栽培のポイント】
強健で、栽培は容易である。繁殖は種子により、5月以降に播種する。直播きも可能である。フェンスや生垣に誘引するとよい。

フウセンカズラ　*Cardiospermum halicacabum*　右下は種子

第2章 学名索引

*p 22〜151 の各論に登場するもののみ掲載。（異）は異名であることを示す。
頁数は植物の説明が掲載されている頁。

A

Abutilon megapotamicum	78
Aeschynanthus andersonii	112
Aeschynanthus evrardii（異）	112
Aeschynanthus fulgens	112
Aeschynanthus hildebrandtii（異）	112
Aeschynanthus longiflorus	112
Aeschynanthus pulcher	112
Aeschynanthus radicans	113
Aeschynanthus speciosus	113
Aeschynanthus tricolor	113
Afgekia sericea	61
Agapetes 'Ludgvan Cross'	85
Agapetes serpens	85
Akebia quinata	149
Akebia trifoliata	149
Allamanda blanchetii	87
Allamanda cathartica	87
'Cherry Ripe'	87
'Hendersonii'	87
'Jamaican Sunset'	87
'Stansill's Double'	87
'Williamsii'	87
Allamanda violacea（異）	87
Alsobia dianthiflora	116
Amphilophium buccinatorium	122
Aneilema zebrinum	136
Anthurium scandens	130
Anthurium scandens var. *violaceum*	130
Antigonon leptopus	80
Apios americana	61
Argyreia nervosa	102
Argyreia speciosa（異）	102
Aristolochia brasiliensis（異）	55
Aristolochia cauliflora	54
Aristolochia chapmaniana（異）	55
Aristolochia cymbifera	54
Aristolochia debilis	54
Aristolochia elegans（異）	55
Aristolochia gigantea	54
Aristolochia gigas（異）	54
Aristolochia grandiflora	54
Aristolochia 'Kewensis'	56
Aristolochia labiata	55
Aristolochia labiosa（異）	55
Aristolochia littoralis	55
Aristolochia odoratissima	55
Aristolochia passiflorifolia	55
Aristolochia peruviana	55
Aristolochia ringens	55
Aristolochia tonduzii	55
Aristolochia trilobata	56
Aristolochia westlandii	56
Asarina scandens（異）	118
Asparagus asparagoides	135
Asparagus falcatus	135

B

Ballya zebrina（異）	136
Basella alba	143
Bauhinia aureifolia	62
Bauhinia bidentata	62
Bauhinia kockiana	62
Beaumontia grandiflora	89
Beaumontia multiflora	89
Beaumontia murtonii	89
Begonia ampla	141
Begonia 'Fragrant Beauty'	142
Begonia glabra	141
Begonia loranthoides	141
Begonia molleri	141
Begonia oxyanthera	141
Begonia solananthera	142
Begonia thelmae	142
Begonia 'Tiny Jem'	142
Bignonia callistegioides	122
Bignonia capreolata	122
Bignonia magnifica	122
Blakea gracilis	78
Blephistelma aurantia	70
Bomarea caldasii（異）	58
Bomarea multiflora	58
Bougainvillea × *buttiana*	81
'Mrs. Butt'	81
Bougainvillea glabra	81
'Elizabeth Angus'	81
'Sanderiana'	81
Bougainvillea 'Mrs. Eva'	82
Bougainvillea 'Rainbow Pink Gold'	82
Bougainvillea spectabilis	81
'Mary Palmer'	81
'White Stripe'	81
Bowiea volubilis	59
Browallia jamesonii（異）	106

C

Callerya reticulata	61
Callisia elegans（異）	135
Callisia gentlei var. *elegans*	135
Callisia repens	135
Campanula canariensis（異）	126
Campsis grandiflora	123
Campsis radicans	123
Canarina canariensis	126
Cantua buxifolia	84
Cardiospermum halicacabum	151
Ceropegia albisepta var. *robynsiana*	90
Ceropegia ampliata	90
Ceropegia debilis（異）	90
Ceropegia distincta	90
Ceropegia haygarthii	90
Ceropegia linearis subsp. *debilis*	90
Ceropegia linearis subsp. *woodii*（異）	90
Ceropegia robynsiana（異）	90
Ceropegia sandersonii	90
Ceropegia stapeliiformis	90
Ceropegia woodii	90
Cestrum aurantiacum	106
Cestrum elegans	106
Cestrum purpureum（異）	106
Chonemorpha fragrans	88
Cissus adenopoda（異）	139
Cissus alata	138
'Ellen Danica'	138
Cissus antarctica	138
Cissus discolor（異）	138
Cissus javana	138
Cissus quadrangula（異）	138
Cissus quadrangularis	138
Cissus rhombifolia（異）	138
Cissus striata	138
Clematis	38
'Aphrodite Elegafumina'	42
'Black Prince'	44
'Blue Bell'	42
'Cherry Lip'	43
'Dark Eyes'	44
'Fujikaori'	45

'Gravetye Beauty' ⋯⋯⋯⋯⋯⋯⋯ 43
'Hagley Hybrid' ⋯⋯⋯⋯⋯⋯⋯ 41
'Hayate' ⋯⋯⋯⋯⋯⋯⋯⋯⋯⋯ 41
'Huldine' ⋯⋯⋯⋯⋯⋯⋯⋯⋯ 41
'Jackmanii' ⋯⋯⋯⋯⋯⋯⋯⋯ 41
Josephine（='Evijohill'）⋯⋯⋯⋯ 40
'King's Dream' ⋯⋯⋯⋯⋯⋯⋯ 45
'Kotoko' ⋯⋯⋯⋯⋯⋯⋯⋯⋯⋯ 44
'Maria Cornelia' ⋯⋯⋯⋯⋯⋯ 44
'Marie Boisselot' ⋯⋯⋯⋯⋯⋯ 40
'Madame Julia Correvon' ⋯⋯⋯ 44
'Omoshiro' ⋯⋯⋯⋯⋯⋯⋯⋯⋯ 40
Peppermint（='Evipo'）⋯⋯⋯⋯ 42
'Prince Charles' ⋯⋯⋯⋯⋯⋯ 41
'Princess Diana' ⋯⋯⋯⋯⋯⋯ 44
Princess Kate（='Zoprika'）⋯⋯ 44
'Rouguchi' ⋯⋯⋯⋯⋯⋯⋯⋯⋯ 43
'Tenshi no Kubikazari' ⋯⋯⋯⋯ 45
'Venosa Violacea' ⋯⋯⋯⋯⋯⋯ 45
Vienetta（='Evipo006'）⋯⋯⋯⋯ 42
'White Prince Charles' ⋯⋯⋯⋯ 41
Clematis smilacifolia ⋯⋯⋯⋯⋯ 60
Clerodendrum × speciosum ⋯⋯ 119
Clerodendrum splendens ⋯⋯⋯ 119
Clerodendrum thomsoniae ⋯⋯ 119
'Variegata' ⋯⋯⋯⋯⋯⋯⋯⋯ 119
Clitoria ternatea ⋯⋯⋯⋯⋯⋯ 63
Clytostoma callistegioides（異）⋯ 122
Cobaea scandens ⋯⋯⋯⋯⋯⋯ 84
'Alba' ⋯⋯⋯⋯⋯⋯⋯⋯⋯⋯ 84
Codonanthe carnosa ⋯⋯⋯⋯⋯ 114
Codonanthe gracilis ⋯⋯⋯⋯⋯ 114
Columnea gloriosa（異）⋯⋯⋯⋯ 115
Columnea hirta ⋯⋯⋯⋯⋯⋯⋯ 115
Columnea microcalyx ⋯⋯⋯⋯ 115
'Purpurea' ⋯⋯⋯⋯⋯⋯⋯⋯ 115
Columnea microphylla ⋯⋯⋯⋯ 115
Columnea minor ⋯⋯⋯⋯⋯⋯ 115
Columnea oerstediana ⋯⋯⋯⋯ 115
Columnea 'Stavanger' ⋯⋯⋯⋯ 115
Combretum fruticosum ⋯⋯⋯⋯ 77
Combretum grandiflorum ⋯⋯⋯ 77
Combretum indicum ⋯⋯⋯⋯⋯ 77
Convolvulus nervosus（異）⋯⋯⋯ 102
Convolvulus sabatius ⋯⋯⋯⋯ 102
Convolvulus tricolor ⋯⋯⋯⋯ 102
Cryptostegia grandiflora ⋯⋯⋯ 92
Cucurbita pepo subsp. *ovifera* ⋯ 150
Cyanotis beddomei ⋯⋯⋯⋯⋯ 136
Cyanotis kewensis（異）⋯⋯⋯⋯ 136
Cyphostemma adenopodum ⋯⋯ 139

D

Dalechampia dioscoreifolia ⋯⋯ 69
Dioscorea discolor（異）⋯⋯⋯⋯ 134
Dioscorea dodecaneura ⋯⋯⋯ 134
Dioscorea elephantipes ⋯⋯⋯ 134
Diplocyclos palmatus ⋯⋯⋯⋯ 151
Dischidia formosana ⋯⋯⋯⋯ 145
Dischidia major ⋯⋯⋯⋯⋯⋯ 145
Dischidia pectenoides（異）⋯⋯⋯ 145
Dischidia platyphylla ⋯⋯⋯⋯ 145
Dischidia rafflesiana（異）⋯⋯⋯ 145
Dischidia ruscifolia ⋯⋯⋯⋯ 145
Dischidia vidalii ⋯⋯⋯⋯⋯⋯ 145
Distictis buccinatoria（異）⋯⋯⋯ 122
Dolichandra unguis-cati ⋯⋯⋯ 123
Doxantha unguis-cati（異）⋯⋯⋯ 123

E

Epacris longiflora ⋯⋯⋯⋯⋯⋯ 85
Epipremnum aureum ⋯⋯⋯⋯ 130
Epipremnum pinnatum ⋯⋯⋯ 130
Episcia dianthiflora（異）⋯⋯⋯ 116
Euonymus fortunei ⋯⋯⋯⋯⋯ 143

F

Ficus pumila ⋯⋯⋯⋯⋯⋯⋯⋯ 140
'Moonlight' ⋯⋯⋯⋯⋯⋯⋯⋯ 140

'Sunny' ⋯⋯⋯⋯⋯⋯⋯⋯⋯⋯ 140
Ficus radicans（異）⋯⋯⋯⋯⋯ 140
Ficus sagittata ⋯⋯⋯⋯⋯⋯⋯ 140
'Variegata' ⋯⋯⋯⋯⋯⋯⋯⋯ 140
Ficus villosa ⋯⋯⋯⋯⋯⋯⋯⋯ 140

G

Gelsemium sempervirens ⋯⋯⋯ 86
Gibasis pellucida ⋯⋯⋯⋯⋯⋯ 136
Gloriosa rothschildiana（異）⋯⋯ 58
Gloriosa simplex（異）⋯⋯⋯⋯ 58
Gloriosa superba ⋯⋯⋯⋯⋯⋯ 58
'Lutea' ⋯⋯⋯⋯⋯⋯⋯⋯⋯⋯ 58
'Rose Queen' ⋯⋯⋯⋯⋯⋯⋯ 58
'Rothschildiana' ⋯⋯⋯⋯⋯⋯ 58
Gmelina hystrix（異）⋯⋯⋯⋯⋯ 118
Gmelina philippensis ⋯⋯⋯⋯ 118

H

Hardenbergia comptoniana ⋯⋯ 64
Hardenbergia monophylla（異）⋯ 64
Hardenbergia violacea ⋯⋯⋯⋯ 64
Hedera algeriensis ⋯⋯⋯⋯⋯ 147
'Marginomaculata' ⋯⋯⋯⋯⋯ 147
'Variegata' ⋯⋯⋯⋯⋯⋯⋯⋯ 147
Hedera canariensis var. *variegata*（異）⋯ 147
Hedera colchica ⋯⋯⋯⋯⋯⋯ 147
'Dentata' ⋯⋯⋯⋯⋯⋯⋯⋯ 147
Hedera helix ⋯⋯⋯⋯⋯⋯⋯ 147
Hedera nepalensis ⋯⋯⋯⋯⋯ 147
Hedera rhombea ⋯⋯⋯⋯⋯⋯ 147
Heterocentron elegans ⋯⋯⋯⋯ 78
Hoya australis ⋯⋯⋯⋯⋯⋯⋯ 93
Hoya bella（異）⋯⋯⋯⋯⋯⋯⋯ 94
Hoya carnosa ⋯⋯⋯⋯⋯⋯⋯ 93
'Compacta' ⋯⋯⋯⋯⋯⋯⋯⋯ 93
'Exotica' ⋯⋯⋯⋯⋯⋯⋯⋯⋯ 93
Hoya cinnamomifolia ⋯⋯⋯⋯ 93
Hoya cinnamomifolia var. *purpureofusca*（異）⋯ 94
Hoya curtisii ⋯⋯⋯⋯⋯⋯⋯ 93
Hoya engleriana ⋯⋯⋯⋯⋯⋯ 94
Hoya imperialis ⋯⋯⋯⋯⋯⋯ 94
Hoya lanceolata subsp. *bella* ⋯ 94
Hoya linearis ⋯⋯⋯⋯⋯⋯⋯ 94
Hoya macgillivrayi ⋯⋯⋯⋯⋯ 94
Hoya multiflora ⋯⋯⋯⋯⋯⋯ 94
Hoya purpureo-fusca ⋯⋯⋯⋯ 94
Hoya sigillatis ⋯⋯⋯⋯⋯⋯⋯ 95
Hypocyrta nummularia（異）⋯⋯ 116

I

Impatiens repens ⋯⋯⋯⋯⋯⋯ 83
Ipomoea aquatica ⋯⋯⋯⋯⋯ 103
Ipomoea cairica ⋯⋯⋯⋯⋯⋯ 103
Ipomoea cheirophylla ⋯⋯⋯⋯ 103
Ipomoea digitata（異）⋯⋯⋯⋯ 103
Ipomoea horsfalliae ⋯⋯⋯⋯ 103
Ipomoea indica ⋯⋯⋯⋯⋯⋯ 103
Ipomoea lobata ⋯⋯⋯⋯⋯⋯ 104
'Jungle Queen' ⋯⋯⋯⋯⋯⋯ 104
Ipomoea macalusoi（異）⋯⋯⋯ 105
Ipomoea × multifida ⋯⋯⋯⋯ 104
Ipomoea nil ⋯⋯⋯⋯⋯⋯⋯⋯ 48
Ipomoea purpurea ⋯⋯⋯⋯⋯ 104
Ipomoea quamoclit ⋯⋯⋯⋯ 104
Ipomoea tricolor ⋯⋯⋯⋯⋯⋯ 104
'Heavenly Blue' ⋯⋯⋯⋯⋯⋯ 104

J

Jasminum grandiflorum ⋯⋯⋯ 110
Jasminum laurifolium var. *laurifolium* ⋯ 110
Jasminum multiflorum ⋯⋯⋯ 110
Jasminum nitidum（異）⋯⋯⋯⋯ 110
Jasminum nobile ⋯⋯⋯⋯⋯⋯ 110
Jasminum officinale ⋯⋯⋯⋯ 111
'Fiona Sunrise' ⋯⋯⋯⋯⋯⋯ 111
Jasminum polyanthum ⋯⋯⋯ 111
'Variegata' ⋯⋯⋯⋯⋯⋯⋯⋯ 111
Jasminum rex（異）⋯⋯⋯⋯⋯ 110

153

Jasminum sambac ⋯⋯⋯⋯⋯⋯⋯⋯ 111

K

Kadsura japonica ⋯⋯⋯⋯⋯⋯⋯ 149
Kennedia coccinea ⋯⋯⋯⋯⋯⋯⋯ 63

L

Lagenaria siceraria ⋯⋯⋯⋯⋯⋯⋯ 151
　'Sennari' ⋯⋯⋯⋯⋯⋯⋯⋯⋯⋯ 151
Lagenaria siceraria var. *gourda*（異）⋯ 151
Lantana montevidensis ⋯⋯⋯⋯⋯ 109
Lapageria rosea ⋯⋯⋯⋯⋯⋯⋯⋯ 59
　'Albiflora' ⋯⋯⋯⋯⋯⋯⋯⋯⋯ 59
Lathyrus latifolius ⋯⋯⋯⋯⋯⋯⋯ 65
Lathyrus odoratus ⋯⋯⋯⋯⋯⋯⋯ 65
Lonicera × *heckrottii* ⋯⋯⋯⋯⋯ 128
　'Gold Flame' ⋯⋯⋯⋯⋯⋯⋯⋯ 128
Lonicera hildebrandiana ⋯⋯⋯⋯ 128
Lonicera japonica ⋯⋯⋯⋯⋯⋯⋯ 128
　'Aureoreticulata' ⋯⋯⋯⋯⋯⋯ 128
Lonicera sempervirens ⋯⋯⋯⋯⋯ 128
Lygodium japonicum ⋯⋯⋯⋯⋯⋯ 129

M

Macfadyena unguis-cati（異）⋯⋯ 123
Macleania insignis ⋯⋯⋯⋯⋯⋯⋯ 85
Mandevilla × *amabilis* ⋯⋯⋯⋯ 97
　'Alice du Pont' ⋯⋯⋯⋯⋯⋯⋯ 97
Mandevilla atroviolacea ⋯⋯⋯⋯ 97
Mandevilla boliviensis ⋯⋯⋯⋯⋯ 97
Mandevilla 'Bride's Cascade' ⋯⋯ 98
Mandevilla laxa ⋯⋯⋯⋯⋯⋯⋯⋯ 97
Mandevilla 'Ruby Star' ⋯⋯⋯⋯ 98
Mandevilla sanderi ⋯⋯⋯⋯⋯⋯⋯ 97
Mandevilla Sun Parasol® Series ⋯ 98
Mandevilla 'White Fantasy' ⋯⋯⋯ 98
Manettia bicolor（異）⋯⋯⋯⋯⋯ 86
Manettia luteorubra ⋯⋯⋯⋯⋯⋯ 86
Mansoa alliacea ⋯⋯⋯⋯⋯⋯⋯⋯ 124
Marsdenia floribunda ⋯⋯⋯⋯⋯⋯ 92
　'Variegata' ⋯⋯⋯⋯⋯⋯⋯⋯⋯ 92
Maurandya scandens ⋯⋯⋯⋯⋯⋯ 118
　'Mystic Rose' ⋯⋯⋯⋯⋯⋯⋯⋯ 118
Millettia reticulata（異）⋯⋯⋯⋯ 61
Mina lobata（異）⋯⋯⋯⋯⋯⋯⋯ 104
Monstera adansonii var. *laniata* ⋯ 131
Monstera deliciosa ⋯⋯⋯⋯⋯⋯⋯ 131
　'Albo-Variegata' ⋯⋯⋯⋯⋯⋯ 131
　'Variegata' ⋯⋯⋯⋯⋯⋯⋯⋯⋯ 131
Monstera friedrichsthalii（異）⋯ 131
Mucuna bennettii ⋯⋯⋯⋯⋯⋯⋯ 66
Mucuna membranacea ⋯⋯⋯⋯⋯ 66
Mucuna novo-guineensis ⋯⋯⋯⋯ 66
Mucuna sempervirens ⋯⋯⋯⋯⋯ 66
Muehlenbeckia axillaris ⋯⋯⋯⋯ 143
Murucuia aurantia（異）⋯⋯⋯⋯ 70

N

Nematanthus 'Bijou' ⋯⋯⋯⋯⋯⋯ 117
Nematanthus 'Black Magic' ⋯⋯⋯ 117
Nematanthus crassifolius ⋯⋯⋯⋯ 117
Nematanthus gregarius ⋯⋯⋯⋯⋯ 117
Nematanthus 'Lucky Strike' ⋯⋯⋯ 117
Nematanthus strigillosus ⋯⋯⋯⋯ 117
Neomortonia nummularia（異）⋯ 116
Nepenthes alata ⋯⋯⋯⋯⋯⋯⋯⋯ 144
Nepenthes 'Dyeriana' ⋯⋯⋯⋯⋯ 144
Nepenthes 'Mastersiana' ⋯⋯⋯⋯ 144
Nepenthes maxima ⋯⋯⋯⋯⋯⋯⋯ 144
Nepenthes rafflesiana ⋯⋯⋯⋯⋯ 144
Norantea guianensis ⋯⋯⋯⋯⋯⋯ 83

O

Oxypetalum coeruleum ⋯⋯⋯⋯⋯ 99

P

Pachycaulos nummularia ⋯⋯⋯⋯ 116
Pandorea jasminoides ⋯⋯⋯⋯⋯ 124
Pandorea ricasoliana（異）⋯⋯⋯ 124

Parthenocissus henryana ⋯⋯⋯⋯ 137
Parthenocissus quinquefolia ⋯⋯⋯ 137
　'Variegata' ⋯⋯⋯⋯⋯⋯⋯⋯⋯ 137
Parthenocissus tricuspidata ⋯⋯⋯ 137
Passiflora alata ⋯⋯⋯⋯⋯⋯⋯⋯ 71
Passiflora × *alato-caerulea*（異）⋯ 71
Passiflora 'Amethyst' ⋯⋯⋯⋯⋯⋯ 74
Passiflora antioquiensis ⋯⋯⋯⋯ 71
Passiflora aurantia（異）⋯⋯⋯⋯ 70
Passiflora × *belotii* ⋯⋯⋯⋯⋯⋯ 71
Passiflora 'Byron Beauty' ⋯⋯⋯⋯ 74
Passiflora caerulea ⋯⋯⋯⋯⋯⋯⋯ 71
　'Constance Eliott' ⋯⋯⋯⋯⋯⋯ 71
Passiflora citrina ⋯⋯⋯⋯⋯⋯⋯ 72
Passiflora coccinea ⋯⋯⋯⋯⋯⋯⋯ 72
Passiflora edmundoi ⋯⋯⋯⋯⋯⋯ 72
Passiflora edulis ⋯⋯⋯⋯⋯⋯⋯ 72
Passiflora 'Elizabeth' ⋯⋯⋯⋯⋯⋯ 74
Passiflora foetida ⋯⋯⋯⋯⋯⋯⋯ 72
Passiflora holosericea ⋯⋯⋯⋯⋯ 72
Passiflora incarnata ⋯⋯⋯⋯⋯⋯ 72
Passiflora 'Incense' ⋯⋯⋯⋯⋯⋯⋯ 74
Passiflora 'Jennifer Grace' ⋯⋯⋯ 75
Passiflora 'Lady Margaret' ⋯⋯⋯ 75
Passiflora 'Lilac Lady' ⋯⋯⋯⋯⋯ 75
Passiflora mollissima ⋯⋯⋯⋯⋯⋯ 73
Passiflora murucuja ⋯⋯⋯⋯⋯⋯ 73
Passiflora palmeri var. *sublanceolata*（異）⋯ 74
Passiflora perfoliata ⋯⋯⋯⋯⋯⋯ 73
Passiflora × *piresea* ⋯⋯⋯⋯⋯⋯ 73
Passiflora quadrangularis ⋯⋯⋯⋯ 73
Passiflora racemosa ⋯⋯⋯⋯⋯⋯ 73
Passiflora sublanceolata ⋯⋯⋯⋯ 74
Passiflora 'Tiara' ⋯⋯⋯⋯⋯⋯⋯⋯ 75
Passiflora tripartita var. *mollissima*（異）⋯ 73
Passiflora × *violacea* ⋯⋯⋯⋯⋯ 74
　'Atropurpurea' ⋯⋯⋯⋯⋯⋯⋯ 74
　'Victoria' ⋯⋯⋯⋯⋯⋯⋯⋯⋯⋯ 74
Passiflora vitifolia ⋯⋯⋯⋯⋯⋯⋯ 74
Passiflora 'Wilgen K Verhoeff' ⋯ 75
Pentalinon luteum ⋯⋯⋯⋯⋯⋯⋯ 99
Peperomia angulata（異）⋯⋯⋯⋯ 129
Peperomia nummularifolia（異）⋯ 129
Peperomia quadrangularis ⋯⋯⋯ 129
Peperomia rotundifolia ⋯⋯⋯⋯⋯ 129
Peperomia serpens ⋯⋯⋯⋯⋯⋯⋯ 129
　'Variegata' ⋯⋯⋯⋯⋯⋯⋯⋯⋯ 129
Pereskia aculeata ⋯⋯⋯⋯⋯⋯⋯ 83
Persicaria capitata ⋯⋯⋯⋯⋯⋯⋯ 80
Petrea volubilis ⋯⋯⋯⋯⋯⋯⋯⋯ 109
Phaedranthus buccinatorius（異）⋯ 122
Phanera bidentate（異）⋯⋯⋯⋯⋯ 62
Phanera kockiana（異）⋯⋯⋯⋯⋯ 62
Phaseolus caracalla（異）⋯⋯⋯⋯ 67
Phaseolus coccineus ⋯⋯⋯⋯⋯⋯ 64
Philodendron andreanum（異）⋯⋯ 132
Philodendron hederaceum ⋯⋯⋯⋯ 132
Philodendron hederaceum var. *oxycardium* ⋯ 132
Philodendron 'Lemon Lime' ⋯⋯⋯ 132
Philodendron melanochrysum ⋯⋯ 132
Philodendron ornatum ⋯⋯⋯⋯⋯ 132
Philodendron 'Pink Princess' ⋯⋯ 132
Philodendron scandens（異）⋯⋯⋯ 132
Plumbago auriculata ⋯⋯⋯⋯⋯⋯ 79
　'Alba' ⋯⋯⋯⋯⋯⋯⋯⋯⋯⋯⋯ 79
Plumbago capensis（異）⋯⋯⋯⋯ 79
Podranea ricasoliana ⋯⋯⋯⋯⋯⋯ 124
Polygonatum cavaleriei（異）⋯⋯ 60
Polygonatum kingianum ⋯⋯⋯⋯ 60
Polygonum capitatum（異）⋯⋯⋯ 80
Pseudocalymma alliaceum（異）⋯ 124
Pseudogynoxys chenopodioides ⋯⋯ 126
Pyrostegia ignea（異）⋯⋯⋯⋯⋯ 125
Pyrostegia venusta ⋯⋯⋯⋯⋯⋯⋯ 125

Q

Quamoclit lobata（異）⋯⋯⋯⋯⋯ 104
Quamoclit vulgaris（異）⋯⋯⋯⋯ 104

R

Rhaphidophora tetrasperma	133
Rhodochiton atrosanguineum	118
Rhodochiton volubile（異）	118
Rosa	22
Alba Meidiland（='MEIflopan'）	31
'Albertine'	31
Angela（='KORday'）	28
'Auguste Gervais'	32
'Awakening'	32
'Awayuki'	23
'Azumino'	23
'Ballerina'	23
Blanc Pierre de Ronsard（='MEIviowit'）	28
Chocolatier（='ZENtuchamini'）	23
Christiana（='KORgeowim'）	24
Cinderella（'KORfobalt'）	26
Cocktail（='MEImick'）	24
'Cornelia'	24
'Crimson Glory, Climbing'	26
'Daphne'	27
'François Juranville'	32
'Golden River'	32
Gracia（='ZENshugra'）	24
'Gunmai'	32
'Gunsei'	32
'Harugasumi'	30
'Harukaze'	32
Ivanhoe（='CHEwpurplex'）	32
Jacqueline de Pre（='HARwanna'）	24
Jasmina（='KORcentex'）	27
Kougyoku（='ZENtukou'）	30
Lady of Shalott（='AUSnyson'）	27
Le Port Romantique（='ZENtuyamashita'）	28
'Léontine Gervais'	32
Mahoroba（='ZENshumaho'）	25
'Mei'	26
'Milady de Winter'	32
Mystérieuse（='DORmyst'）	25
'New Dawn'	32
'Odysseia'	25
'Paul Noël'	32
'Paul Transon'	32
Paul's Himalayan Musk（='Paul's Himalayan Musk Rambler'）	32
Pierre de Ronsard（='MEIviolin'）	27
Pomponella（='KORpompan'）	28
Princesse Sibilla de Luxembourg（='ORAfantanov'）	28
'René André'	32
Rosendorf Sparrieshoop（='KORdibor'）	25
Sahara（='TANarasah'）	29
Salamander（='ZENtusplash'）	29
Shin（='ZENtufather'）	32
'Shinsetsu'	29
Shugyoku（='ZENtushugyo'）	30
Snow Goose（='AUSpom'）	26
Spanish Beauty（='Madame Grégoire Staechelin'）	32
Spirit of Freedom（='AUSbite'）	29
'Summer Snow'	29
Sunset Glow（='CHEwalibaba'）	30
Tamakazura（='ZENtukazura'）	30
Teasing Georgia（='AUSbaker'）	30
Tranquillity（='AUSnoble'）	30
'Ubekomachi'	26
'White New Dawn'	32
'Yukiakari'	26
'Yumeotome'	26
Rosa banksiae	31
'Lutea'	31
'Lutescans'	31
Rosa banksiae f. *alboplena*	31
Rosa banksiae var. *normallis*	31
Rubus 'Boysen'	150

S

Saritaea magnifica（異）	122
Scindapsus pictus	133
'Argyraeus'	133

Sedum morganianum	137
Senecio confusus（異）	126
Senecio macroglossus	146
'Variegatus'	146
Senecio radicans	146
Senecio rowleyanus	146
Solandra grandiflora	107
Solandra longiflora	107
Solandra maxima	107
Solanum jasminoides	108
'Variegata'	108
Solanum seaforthianum	108
Solanum wendlandii	108
Sphyrospermum buxifolium	86
Stauntonia obovatifoliola	150
Stephanotis floribunda（異）	92
Stictocardia macalusoi	105
Stigmaphyllon ciliatum	69
Streptosolen jamesonii	106
Strongylodon macrobotrys	67
Strophanthus divaricatus	100
Strophanthus gratus	100
Strophanthus preussii	100
Syngonium podophyllum	133
'White Butterfly'	133

T

Tecoma capensis	126
'Lutea'	126
Tecomanthe dendrophila	125
Tecomanthe venusta（異）	125
Tecomaria capensis（異）	126
Telosma cordata	99
Tetrastigma voinierianum	139
Thunbergia alata	120
Thunbergia 'Augustus Blue'	120
Thunbergia grandiflora	120
'Alba'	120
'Variegata'	120
Thunbergia gregorii	120
Thunbergia laurifolia	120
Thunbergia mysorensis	120
Thunbergia 'Sundance'	120
Trachelospermum asiaticum	101
Tradescantia zebrina	136
Trichantha minor（異）	115
Tristellateia australasiae	69
Tropaeolum majus	79
Tropaeolum tricolor	79
Tweedia coerulea（異）	99

U

Urechites lutea（異）	99

V

Vanilla planifolia	134
'Marginata'	134
Vigna caracalla	67
Vinca major	101

W

Wedelia triloba	127
Wisteria brachybotrys	68
'Showa-beni'	68
Wisteria floribunda	68
'Nagasakiissai'	68
Wisteria sinensis	68

X

Xerosicyos danguyi	139

Z

Zebrina pendula（異）	136

第2章 和名索引

*p22〜151 の各論に登場するもののみ掲載。（別）は別名であることを示す。頁数は植物の説明が掲載されている頁。

ア行

アイラトビカズラ（別） …… 66
アガペテス・セルペンス …… 85
アガペテス属 …… 85
アガペテス'ラッジバン・クロス' …… 85
アケビ …… 149
アケビ属 …… 149
アケビモドキ …… 145
アサガオ …… 48
アサヒカズラ …… 80
アサリナ …… 118
'ミステック・ローズ' …… 118
アネイレマ …… 136
アフゲキア・セリケア …… 61
アメリカヅタ …… 137
'バリエガタ' …… 137
アメリカノウゼンカズラ …… 123
アメリカハマグルマ …… 127
アメリカホド …… 61
アラゲカエンソウ …… 86
アラマンダ属 …… 87
アラマンダ・ブランケティー …… 87
アリアケカズラ …… 87
'ウィリアムシー' …… 87
'ジャマイカン・サンセット' …… 87
'スタンシルズ・ダブル' …… 87
'チェリー・ライプ' …… 87
'ヘンダーソニー' …… 87
アリストロキア・ウエストランディー …… 56
アリストロキア・オドラティッシマ …… 55
アリストロキア・カウリフロラ …… 54
アリストロキア・ギガンテア …… 54
アリストロキア'キューエンシス' …… 56
アリストロキア・キンビフェラ …… 54
アリストロキア・グランディフロラ …… 54
アリストロキア・トリロバタ …… 56
アリストロキア・トンドゥジ …… 55
アリストロキア・パッシフロリフォリア …… 55
アリストロキア・ペルビアナ …… 55
アリストロキア・ラビアタ …… 55
アリストロキア・リットラリス …… 55
アリストロキア・リンゲンス …… 55
アルギレイア・ネルボサ …… 102
アルソミトラ・ディアンディフロラ …… 116
アンスリウム・スカンデンス …… 130
アンスリウム・スカンデンス・ビオラケウム …… 130
イエライシャン …… 99
イカダカズラ（ブーゲンビレア） …… 81
イカダカズラ（ブーゲンビレア）属 …… 81
イチジク（フィクス）属 …… 140
イポメア・プルプレア …… 104
イポメア・ロバタ …… 104
'ジャングル・クイーン' …… 104
イモドリノキ …… 62
インパティエンス・レペンス …… 83
ウキツリボク …… 78
薄雲 …… 90
ウツボカズラ …… 144
ウツボカズラ（ネペンテス）属 …… 144
ウマノスズクサ …… 54
ウマノスズクサ（アリストロキア）属 …… 54
エスキナンサス・アンダーソニー …… 112
エスキナンサス・スペキオスス …… 113
エスキナンサス・トリカラー …… 113
エスキナンサス・プルケル …… 112
エスキナンサス・フルゲンス …… 112
エスキナンサス・ラディカンス …… 113
エスキナンサス・ロンギフロルス …… 112
エパクリス・ロンギフロラ …… 85
オオイタビ …… 140
'サニー' …… 140
'ムーンライト' …… 140
オオシロソケイ …… 110
オオバナアサガオ …… 92
オオバナアリアケカズラ …… 87
オオミノトケイソウ …… 73
オキナワスズメウリ …… 151
オモチャカボチャ …… 150

カ行

カエンカズラ …… 125
カショウクズマメ …… 66
カナリーキヅタ …… 147
'バリエガタ' …… 147
'マルギノマクラタ' …… 147
カナリナ …… 126
カニクサ …… 129
カリシア・ゲントレイ・エレガンス …… 135
カリシア属 …… 135
カリシア・レペンス …… 135
カレーバイン（別） …… 122
カロライナジャスミン …… 86
カンガルー・バイン …… 138
カンツア …… 84
キアノティス …… 136
キジカクシ（アスパラガス）属 …… 135
亀甲竜（キッコウリュウ） …… 134

キツタ

キツタ …… 147
キツタ（ヘデラ）属 …… 147
キバナヨウラク …… 118
キフォステンマ・アデノポドゥム …… 139
キフスイカズラ …… 128
キモッコウバラ …… 31
キンリュウカ（ストロファンツス）属 …… 100
キンレンカ（別） …… 79
クサトケイソウ …… 72
クサナギカズラ …… 135
クダモノトケイ …… 72
クリプトステギア・グランディフロラ …… 92
クレマチス …… 38
'アフロディーテ・エレガフミナ' …… 42
'ヴィエネッタ' …… 42
'ヴェノサ・ビオラケア' …… 45
'面白'（オモシロ） …… 40
'キングス・ドリーム' …… 45
'グレイヴタイ・ビューティ' …… 43
'琴子' …… 44
'ジャックマニー' …… 41
'ジョゼフィーヌ' …… 40
'ダーク・アイズ' …… 44
'チェリー・リップ' …… 43
'天使の首飾り' …… 45
'ハグレー・ハイブリッド' …… 41
'はやて' …… 41
'藤かほり' …… 45
'ブラック・プリンス' …… 44
'プリンス・チャールズ' …… 41
'プリンセス・ケイト' …… 44
'プリンセス・ダイアナ' …… 43
'ブルー・ベル' …… 42
'フルディーン' …… 41
'ペパーミント' …… 42
'ホワイト・プリンス・チャールズ' …… 41
'マダム・ジュリア・コレヴォン' …… 44
'マリア・コーネリア' …… 44
'マリー・ボワスロ' …… 40
'籠口'（ロウグチ） …… 43
クレマチス・スミラキフォリア …… 60
クレマチス属 …… 38
クレロデンドラム・スプレンデンス …… 119
クレロデンドラム属 …… 119
グロリオサ …… 58
'ルテア' …… 58
'ローズ・クイーン' …… 58
'ロスチャイルディアナ' …… 58
ケストラム・エレガンス …… 106
ケストラム・オウランティアクム …… 106
ケストラム属 …… 106
ケネディア・コッキネア …… 63
弦月（ゲンゲツ） …… 146
ゲンペイカズラ …… 119
コウシュンカズラ …… 69
コドナンテ・カルノサ …… 114
コドナンテ・グラキリス …… 114
コドナンテ属 …… 114
コネモルファ・フラグランス …… 88
コバノランタナ …… 109
コベア …… 84
'アルバ' …… 84
コマチフジ …… 64
コルシカキヅタ …… 147
'デンタタ' …… 147
コルムネア・エルステッティアナ …… 115
コルムネア'スタバンガー' …… 115
コルムネア属 …… 115
コルムネア・ヒルタ …… 115
コルムネア・ミクロカリックス …… 115
'プルプレア' …… 115
コルムネア・ミクロフィラ …… 115
コルムネア・ミノール …… 115
コンブレツム・グランディフロルム …… 77
コンブレツム属 …… 77
コンブレツム・フルティコスム …… 77
コンボルブルス・サバティウス …… 102

サ行

サオトメトケイソウ …… 74
'アトロプルプレア' …… 74
'ビクトリア' …… 74
サクララン …… 93
'エキゾチカ' …… 93
'コンパクタ' …… 93
サクララン（ホヤ）属 …… 93
サダソウ（ペペロミア）属 …… 129
サツマイモ（イポメア）属 …… 103
サネカズラ …… 149
サマードレス …… 97
サマー・ブーケ …… 99
サンシキヒルガオ …… 102
シクンシ …… 77
シッサス・アラタ …… 138
'エレン・ダニカ' …… 138
シッサス・クアドラングラリス …… 138

シナフジ

シナフジ …… 68
ジャコウエンドウ …… 65
ジャスミヌム・ノビレ …… 110
シャミセンヅル（別） …… 129
シュガーバイン …… 138
シュッコンスイートピー …… 65
シラフカズラ …… 133
シロモッコウ …… 111
'フィオナ・サンライズ' …… 111
シンゴニウム …… 133
'ホワイト・バタフライ' …… 133
真珠コケモモ …… 86
スイートピー …… 65
スイカズラ …… 128
スイカズラ属 …… 127
酔竜 …… 90
スキンダプスス …… 133
スティクトカルディア …… 105
ストロファンツス・グラツス …… 100
ストロファンツス・ディバリカツス …… 100
ストロファンツス・プレウシー …… 100
スネイルフラワー …… 67
スフィロスペルマム・ブクシフォリウム …… 86
スマイラックス …… 135
セイシカズラ …… 138
セイシカズラ属 …… 138
セイヨウキヅタ …… 147
セイヨウヒルガオ属 …… 102
セネキオ・マクログロッスス …… 146
'バリエガツス' …… 146
ゼブリナ …… 136
セロペギア・アルビセプタ・ロビンシアナ …… 90
セロペギア・アンプリアタ …… 90
セロペギア・サンダーソニー …… 90
セロペギア・スタペリフォルミス …… 90
セロペギア属 …… 90
セロペギア・ディスティンクタ …… 90
セロペギア・ハイガルティー …… 90
セロペギア・リネアリス・デビリス …… 90
センナリヒョウタン …… 151
蒼角殿（ソウカクデン） …… 59
ソケイ …… 110
ソケイ（ジャスミヌム）属 …… 109
ソケイノウゼン …… 124
ソシンカ（バウヒニア）属 …… 62
ソライロアサガオ …… 104
'ヘブンリー・ブルー' …… 104
ソラナム・ウェンドランディー …… 108
ソランドラ・マキシマ …… 107

タ行

タイワンソケイ（別） …… 110
玉つづり …… 137
ダレシャンピア・ディスコレイフォリア …… 69
チャボトウゴロウ …… 72
チョウマメ …… 63
チリソケイ …… 97
ツキヌキリンドウ …… 128
ツタ …… 137
ツタ属 …… 137
ツバキカズラ …… 59
ツリガネカズラ …… 122
ツリガネカズラ属 …… 122
ツルキントラノオ …… 69
ツルコベア …… 84
ツルシノブ（別） …… 129
ツルニチニチソウ …… 101
ツルハナナス …… 108
'バリエガタ' …… 108
つるバラ …… 22
'アイヴァンホー' …… 32
'アウェイクニング' …… 32
'安曇野' …… 23
アルバ・メイディランド …… 31
'アルベルティーヌ' …… 31
'淡雪' …… 23
'アンジェラ' …… 28
'宇部小町' …… 26
'オーギュスト・ゲルブ' …… 32
'オデュッセイア' …… 25
'カクテル' …… 24
伽羅奢（ガラシャ） …… 24
'クリスティアーナ' …… 24
'群星' …… 32
'群舞' …… 32
紅玉 …… 30
'コーネリア' …… 24
'ゴールデン・リバー' …… 32
'サマー・スノー' …… 29
'サハラ' …… 28
'サラマンダー' …… 29
サンセット・グロウ …… 30
'ジャクリーヌ・デュ・プレ' …… 24
'ジャスミーナ' …… 27
珠玉 …… 30
'ショコラティエ' …… 23
'伸'（シン） …… 32
'新雪' …… 29

シンデレラ …………………… 26
スノー・グース …………………… 26
スパニッシュ・ビューティ …………… 32
スピリット・オブ・フリーダム ……… 29
ダフネ …………………… 27
玉鬘（タマカズラ）…………… 30
'つる クリムゾン・グローリー' … 26
ティージング・ジョージア ………… 30
トランクウィリティー ……………… 30
'ニュー・ドーン' …………………… 32
'春風' …………………… 32
'春霞' …………………… 29
'バレリーナ' …………………… 23
ピエール・ドゥ・ロンサール ……… 27
'フランソワ・ジュランヴィル' …… 32
ブラン・ピエール・ドゥ・ロンサール … 28
プリンセス・シヴィル・ドゥ・ルクセンブルグ … 28
'ポール・トランソン' ……………… 32
'ポール・ノエル' …………………… 32
ポールズ・ヒマラヤン・ムスク …… 32
'ホワイト・ニュー・ドーン' ……… 28
ポンポネッラ …………………… 28
まほろば …………………… 25
ミステリューズ …………………… 25
'ミラディ・ドゥ・ウィンター' …… 32
'芽衣' …………………… 26
'雪明り' …………………… 26
'夢乙女' …………………… 26
ル・ポール・ロマンティーク ……… 28
'ルネ・アンドレ' …………………… 32
'レオナルデ・ゲルブ' ……………… 32
レディ・オブ・シャーロット ……… 27
ローゼンドルフ・シュパリースホープ … 25
ツルマサキ …………………… 143
ツルムラサキ …………………… 143
ツンベルギア 'アウガツス・ブルー' … 120
ツンベルギア・グレゴリー ………… 120
ツンベルギア 'サンダンス' ………… 120
ツンベルギア・マイソレンシス …… 120
ディオスコレア・ドデカネウラ …… 134
テイカカズラ …………………… 101
ディスキディア・プラティフィラ … 145
ディスキディア・ルスキフォリア … 145
テコマンサ …………………… 125
テトラスティグマ …………………… 139
テリハイカダカズラ ……………… 81
トキワアケビ（別）……………… 150
トケイソウ …………………… 71
'コンスタンス・エリオット' …… 71
トケイソウ（パッシフロラ）属 … 70
トビカズラ …………………… 66
トビカズラ（ムクナ）属 ………… 65
トロパエオルム・トリカラー ……… 79

ナ行

ナガミカズラ（エスキナンサス）属 … 112
ナガラッパバナ …………………… 107
ナス（ソラナム）属 ……………… 108
ニオイキンリュウカ ……………… 100
ニトベカズラ（別）……………… 80
ニンドウ（別）…………………… 128
ニンニクカズラ …………………… 124
ネコノツメ …………………… 123
ネペンテス・アラタ ……………… 144
ネペンテス 'ダイエリアナ' ……… 144
ネペンテス・マクシマ …………… 144
ネペンテス 'マスターシアナ' …… 144
ネマタンサス・クラッシフォリウス … 117
ネマタンサス・グレガリウス ……… 117
ネマタンサス・ストロギロッス …… 117
ネマタンサス属 …………………… 116
ネマタンサス 'ビジョウ' ………… 117
ネマタンサス 'ブラック・マジック' … 117
ネマタンサス 'ラッキー・ストライク' … 117
ノアサガオ …………………… 103
ノウゼンカズラ …………………… 123
ノウゼンカズラ属 ………………… 123
ノウゼンハレン …………………… 79
ノウゼンハレン（トロパエオルム）属 … 79
ノダフジ（別）…………………… 68
ノフジ（別）…………………… 68
ノボロギク（セネシオ）属 ……… 146
ノランテア・グイアネンシス ……… 83

ハ行

ハーデンベルギア・コンプトニアナ ……… 64
ハーデンベルギア・ビオラセア …………… 64
ハートカズラ …………………… 90
ハートジュエリー …………………… 145
パイプカズラ …………………… 55
バウヒニア・アウレイフォリア …… 62
バウヒニア・コッキアナ …………… 62
バウヒニア・ビデンタタ …………… 62
ハゴロモジャスミン ……………… 111
'バリエガタ' …………………… 111
ハゴロモルコウ …………………… 104

パッシフロラ 'アメジスト' ……… 74
パッシフロラ・アラタ …………… 71
パッシフロラ・アンティオクエンシス … 71
パッシフロラ・インカルナタ ……… 72
パッシフロラ・インセンス ………… 74
パッシフロラ・エドゥモンドイ …… 72
パッシフロラ 'エリザベス' ……… 74
パッシフロラ・キトリナ …………… 72
パッシフロラ・コッキネア ………… 72
パッシフロラ 'ジェニファー・グレイス' … 75
パッシフロラ・スブランケオラタ … 74
パッシフロラ 'ティアラ' ………… 75
パッシフロラ 'バイロン・ビューティー' … 74
パッシフロラ・ビティフォリア …… 74
パッシフロラ 'ビルゲン・K・フェルホエフ' … 75
パッシフロラ・ピレセア …………… 73
パッシフロラ・フォエティダ ……… 72
パッシフロラ・ペルフォリアタ …… 73
パッシフロラ・ベロティ …………… 71
パッシフロラ・ホロセリケア ……… 72
パッシフロラ・モルクジャ ………… 73
パッシフロラ・モリッシマ ………… 73
パッシフロラ 'ライラック・レディー' … 75
パッシフロラ 'レディ・マーガレット' … 75
バニラ …………………… 134
'マルギナタ' …………………… 134
ハブカズラ …………………… 130
ハブカズラ属 …………………… 130
バラ→つるバラを参照 …………… 22
ハリミノウゼン …………………… 122
パンドレア …………………… 124
ビグノニア・マグニフィカ ………… 122
ヒスイカズラ …………………… 67
ヒトツバマメ（ハーデンベルギア）属 … 64
ビナンカズラ（別）……………… 149
ヒメカズラ …………………… 132
ヒメツルソバ …………………… 80
ヒメノウゼンカズラ ……………… 126
'ルテア' …………………… 126
ヒョウタン …………………… 151
ヒロハノレンリソウ ……………… 65
ピンクノウゼンカズラ …………… 124
フィクス・サギタタ ……………… 140
'バリエガタ' …………………… 140
フィクス・ビロサ ………………… 140
フィリゲンベイカズラ …………… 119
フィロデンドロン・オルナツム …… 132
フィロデンドロン属 ……………… 132
フィロデンドロン 'ピンク・プリンセス' … 132
フィロデンドロン 'ヘデラケウム' … 132
フィロデンドロン・メラノクリスム … 132
フィロデンドロン 'レモン・ライム' … 132
ブーゲンビレア・グラブラ ………… 81
'エリザベス・アンガス' …………… 81
'サンデリアナ' …………………… 81
ブーゲンビレア・スペクタビリス … 81
'メアリー・パーマー' …………… 81
'ホワイト・ストライプ' …………… 81
ブーゲンビレア・バッティアナ …… 81
'ミセス・バット' …………………… 81
ブーゲンビレア 'ミセス・エバ' …… 82
ブーゲンビレア 'レインボー・ピンク・ゴールド' … 82
フウセンカズラ …………………… 151
フクロカズラ …………………… 145
フジ …………………… 68
'長崎一歳藤' …………………… 68
フジ属 …………………… 68
ブライダルベール ………………… 136
ブラケア・グラキリス ……………… 78
ブルースター …………………… 99
ブレビステルマ・アウランティア … 70
ベゴニア・アンブラ ……………… 141
ベゴニア・オクシアンテラ ………… 141
ベゴニア・グラブラ ……………… 141
ベゴニア（シュウカイドウ）属 …… 141
ベゴニア・グラナンテラ …………… 142
ベゴニア 'タイニイ・ジェム' …… 142
ベゴニア・テルマエ ……………… 142
ベゴニア 'フラグラント・ビューティ' … 142
ベゴニア・モレリ ………………… 141
ベゴニア・ロラントイデス ………… 141
ヘデラ・ネパレンシス …………… 147
ヘテロケントロン ………………… 78
ペトレア …………………… 109
ベニゲンベイカズラ ……………… 119
ベニバナインゲン ………………… 64
ペペロミア・クアドラングラリス … 129
ペペロミア・セルペンス …………… 129
'バリエガタ' …………………… 129
ペペロミア・ロツンディフォリア … 129
ペルシアソケイ（別）……………… 111
ベンガルヤハズカズラ …………… 120
'アルバ' …………………… 120
'バリエガタ' …………………… 120
ヘンリーヅタ …………………… 137
ボイセンベリー …………………… 150
ホウライショウ（モンステラ）属 … 131
ボーモンティア・グランディフロラ … 89
ボーモンティア属 ………………… 89

ボーモンティア・ムルティフロラ ………… 89
ボーモンティア・ムルトニー …………… 89
ホザキアサガオ …………………… 103
ホザキノトケイソウ ……………… 73
ポトス …………………… 130
ボマレア・ムルティフロラ ………… 58
ホヤ・アウストラリス …………… 93
ホヤ・インペリアリス …………… 94
ホヤ・エングレリアナ …………… 94
ホヤ・カーティシー ……………… 93
ホヤ・キンナモミフォリア ………… 93
ホヤ・シギラティス ……………… 95
ホヤ・マクギリブライ …………… 94
ホヤ・ムルティフロラ …………… 94
ホヤ・プルプレオフスカ …………… 94
ホヤ・ランセオラタ・ベラ ………… 94
ホヤ・リネアリス ………………… 94
ポリゴナツム・キンギアナム ……… 60
ボルネオソケイ …………………… 110

マ行

マーマレードノキ …………………… 106
マクレアニア・インシグニス ……… 85
マダガスカル・ジャスミン ………… 92
'バリエガタ' …………………… 92
マツリカ …………………… 111
マドカズラ …………………… 131
マネッティア …………………… 86
マメヅタカズラ …………………… 145
マメヅタカズラ（ディスキディア）属 … 145
マンデビラ・アトロビオラケア …… 97
マンデビラ・アマビリス …………… 97
'アリス・デュ・ポン' …………… 97
マンデビラ・サンデリ …………… 97
マンデビラ・サンパラソル・シリーズ … 98
マンデビラ属 …………………… 97
マンデビラ 'プライズ・キャスケード' … 98
マンデビラ・ボリビエンシス ……… 97
マンデビラ 'ホワイト・ファンタジー' … 98
マンデビラ・ラクサ ……………… 97
マンデビラ 'ルビー・スター' …… 98
ミツバアケビ …………………… 149
緑の鈴 …………………… 146
緑の太鼓 …………………… 139
ミニモンステラ …………………… 133
ムクナ・ノバ・グイネエンシス …… 66
ムクナ・ベネッティー …………… 66
ムベ …………………… 150
ムラサキナツフジ ………………… 61
メキシコサワギク ………………… 126
モウリンカ（別）………………… 111
杢キリン（モクキリン）…………… 83
モッコウバラ …………………… 31
モミジバアサガオ（別）…………… 103
モミジバヒルガオ ………………… 103
モンステラ …………………… 131
'アルボ・バリエガタ' …………… 131
'バリエガタ' …………………… 131

ヤ行

ヤツデアサガオ …………………… 103
ヤナギバテンモンドウ …………… 135
ヤハズカズラ …………………… 120
ヤハズカズラ（ツンベルギア）属 … 120
ヤマノイモ属 …………………… 134
ヤマフジ …………………… 68
'昭和紅' …………………… 68
ヨウサイ …………………… 103

ラ行

ラッパバナ …………………… 107
ラッパバナ（ソランドラ）属 ……… 107
ラパジェリア …………………… 59
'アルビフロラ' …………………… 59
ルコウソウ …………………… 104
ルリイロツルナス ………………… 108
ルリマツリ …………………… 79
'アルバ' …………………… 79
レッド・トランペット・バイン …… 122
レンヒソウ（ラティルス）属 ……… 65
ローレルカズラ …………………… 120
ロサ・バンクシアエ ……………… 31
'ルテスケンス' …………………… 31
ロサ・バンクシアエ・ノルマリス … 31
ロドキトン …………………… 118
ロニセラ・ヒルデブランディアナ … 128
ロニセラ・ヘックロッティー ……… 128
'ゴールド・フレーム' …………… 128

ワ行

ワイヤー・プランツ ……………… 143
ワイルド・アラマンダ …………… 99

執筆者紹介　Writer's　Profile

土橋　豊（つちはし　ゆたか）

1957年大阪市生まれ。京都大学博士（農学）。東京農業大学農学部バイオセラピー学科教授。第18回松下幸之助花の万博記念奨励賞受賞。人間・植物関係学会会長。日本園芸療法学会理事。京都大学大学院博士課程修了後、京都府立植物園温室係長、京都府農業総合研究所主任研究員、甲子園短期大学教授などを経て、2016年より現職。単書として『観葉植物1000』（八坂書房）、『洋ラン図鑑』（光村推古書院）、『洋ラン』（山と渓谷社）、『ビジュアル園芸・植物用語事典』（家の光協会）、『熱帯の有用果実』（トンボ出版）、『増補改訂版ビジュアル園芸・植物用語事典』（家の光協会）、『ミラクル植物記』（トンボ出版）、『日本で見られる熱帯の花ハンドブック』（文一総合出版）、『人もペットも気をつけたい園芸有毒植物図鑑』（淡交社）など、共著として『原色茶花大辞典』（淡交社）、『原色園芸植物大事典』（小学館）、『植物の世界』（朝日新聞社）、『植物の百科事典』（朝倉書店）、『新版　茶花大事典』（淡交社）、『花の園芸事典』（朝倉書店）、『新版茶花大事典』（淡交社）、『文部科学省検定済教科書生物活用』（実教出版）、『カラーリーフプランツ』（誠文堂新光社）など多数。

河合　伸志（かわい　たかし）

1968年埼玉県生まれ。千葉大学園芸学部園芸学研究科修了。横浜市在住。種苗会社勤務等を経由し、その後フリーで活動。横浜イングリッシュガーデン・スーパーバイザー。NHK趣味の園芸講師。庭園の植栽デザインから栽培管理指導、育種まで幅広く活動する。テレビやラジオへの出演の他、雑誌や『バラ大図鑑』（NHK出版）など著書執筆多数。

椎野昌宏（しいの　まさひろ）

横浜市在住、日本花菖蒲協会、日本ベゴニア協会、横浜朝顔会、横浜さくらそう会理事。若い頃10年間、商社駐在員として台湾の台北、米国のニューヨークに勤務した経験から、植物をグローバルな視点からとらえることをテーマとして著作，講演につとめる。『ベゴニア百科』『世界のアイリス』『世界のプリムラ』『朝顔百科』『世界の原種系球根植物』『カラーリーフプランツ』（以上、誠文堂新光社）に分担執筆や共編をおこなう。改良園発行雑誌園芸世界に'園芸史雑話、人を軸として'シリーズを連載中で、連載記事を基に『日本園芸界のパイオニアたち』（淡交社）を出版する。平成28年度園芸文化賞を受賞。

主な引用・参考文献 （著者のアルファベット順）

Albers, F. and U. Meve. (ed.) 2002. Illustrated Handbook of Succulent Plants: Asclepiadaceae. Springer, Berlin.

Armitage, A. M. 2010. Armitage's Vines and Climbers – A Gardener's Guide to the Best Vertical Plants. Timber Press, London.

朝顔編集委員会編．2012．朝顔百科．誠文堂新光社．東京．

Chesshire, C. 2001. Climbing Plants. Dorling Kindersley, New York.

ダーウィン　チャールズ．2009．よじのぼり植物−その運動と習性−（渡辺　仁訳）．森北出版株式会社．東京．

Mabberley, D. J. 2008. Mabberley's Plant-Book (3rd ed.). Cambridge University Press, New York.

Menninger, E. A. (ed.). 1970. Flowering Vines of the World – An Encyclopedia of Climbing Plants. Hearthside Press, New York.

邑田　仁・米倉浩司．2013．維管束植物分類表．北隆館．東京．

日本ベゴニア協会編．2003．ベゴニア百科．誠文堂新光社．東京．

仁田坂英二．2014．変化朝顔図鑑．化学同人．東京．

Putz, F. E. and H. A. Mooney. 2009. The Biology of Vines. Cambridge University Press, New York.

Rose, P. Q. 1980. Ivies. Blandford Press Ltd. , Dorset.

鈴木光男．1994．よじ登り植物の生存戦略．植物の世界 37：30-32．朝日新聞社．東京．

The Royal Horticultural Society. 2017. RHS Plant Finder 2017. The Royal Horticultural Society, London.

土橋　豊．1992．観葉植物 1000．八坂書房．東京．

土橋　豊．2011．ビジュアル園芸・植物用語事典（増補改訂版）．家の光協会．東京．

土橋　豊．2013．日本で見られる熱帯の花ハンドブック．文一総合出版．東京．

土橋　豊・椎名昌宏．2017．カラーリーフプランツ・葉の美しい熱帯・亜熱帯の観葉植物 547 品目の特徴と栽培法．誠文堂新光社．東京．

塚本洋太郎（監）．園芸植物大事典コンパクト版（全 3 巻）．小学館．東京．

上田善弘・河合伸志．2014．バラ大図鑑．NHK 出版．東京．

Ulmer, B. and T. Ulmer. 2012. Passiflora. Formosa Verlag, Germany.

Ulmer, T. and J. M. MacDougal. 2004. Passiflora – Passionflower of the world- . Timber Press, Portland.

Vanderplank. J. 1996. Passion Flower (2nd. ed.) , Casell. UK.

山方政樹．2005．トケイソウ．NHK 出版．東京．

米田芳秋．2006．色分け花図鑑　朝顔．学習研究社．東京．

写真提供者（敬称略）

つる植物の園芸文化史
　　横浜三溪園　12 − 13 頁
　　横浜朝顔会　15 頁
　　山中達生　14 − 15 頁
　　石黒和昭　14 − 15 頁
アサガオ
　　中嶋克己　48 − 50 頁
　　高橋宏　48 − 50 頁
　　石黒和昭　51 頁
ベゴニア
　　清野高範　141 − 142 頁
　　根津洋子　141 − 142 頁

staff
装丁・デザイン：太田益美（m＋oss）
編集：高梨奈々
図版：有留ハルカ

つるバラ・クレマチス・アサガオから珍しい植物まで

仕立てて楽しむつる植物 NDC627

2018 年 2 月 15 日　発　行

著　者　土橋　豊　河合伸志　椎野昌宏

発行者　小川雄一
発行所　株式会社 誠文堂新光社
　　　　〒 113-0033　東京都文京区本郷 3-3-11
　　　　編　集 TEL03-5800-3625
　　　　販　売 TEL03-5800-5780
　　　　http://www.seibundo-shinkosha.net/
印刷·製本　図書印刷 株式会社

©2018,Yutaka Tsuchihashi,Takashi Kawai,Masahiro Shiino.
Printed in Japan
検印省略
万一乱丁・落丁本の場合はお取り換えいたします。
本書掲載記事の無断転用を禁じます。

本書のコピー、スキャン、デジタル化等の無断複製は、著作権法上での例外を除き禁じられています。
本書を代行業者等の第三者に依頼してスキャンやデジタル化することは、たとえ個人や家庭内での利用であっても著作権法上認められません。

JCOPY ＜（社）出版者著作権管理機構 委託出版物＞
本書の全部または一部を無断で複写複製（コピー）することは、著作権法上での例外を除き禁じられています。
本書からの複写を希望される場合は、そのつど事前に、（社）出版者著作権管理機構（電話 03-3513-6969 ／ FAX 03-3515-6979 ／ e-mail:info@jcopy.or.jp）の許諾を得てください。

ISBN978-4-416-51812-0